历史的丰碑

丛书

奥林匹斯山上的哲学宙斯

柏拉图

高文新　编著

吉林人民出版社

图书在版编目(CIP)数据

奥林匹斯山上的哲学宙斯——柏拉图/高文新编著.
--长春:吉林人民出版社,2011.4(2025.4重印)
(历史的丰碑丛书)
ISBN 978-7-206-07617-6

Ⅰ.①奥… Ⅱ.①高… Ⅲ.①柏拉图(前427~前
347)—生平事迹—少年读物②柏拉图(前427~前347)—
生平事迹—少年读物 Ⅳ.① B502.232-49

中国版本图书馆 CIP 数据核字 (2011) 第 037572 号

奥林匹斯山上的哲学宙斯 柏拉图

AOLIN PISI SHANSHANG DE ZHEXUE ZHOUSI BOLATU

编　著:高文新
责任编辑:孙　一　　　　封面设计:孙浩瀚
制　　作:吉林人民出版社图文设计印务中心
吉林人民出版社出版 发行(长春市人民大街7548号　邮政编码:130022)
印　刷:北京一鑫印务有限责任公司
开　本:787mm×1092mm　　1/16
印　张:8　　　　　字　数:72千字
标准书号:ISBN 978-7-206-07617-6
版　次:2011年4月第1版　　印　次:2025年4月第3次印刷
定　价:35.00元

编者的话

"欲知大道，必先为史"。

回溯人类的足迹，人们首先看到的总是那些在其各自背景和时点上标志着社会高度和进步里程的伟大人物。他们是历史的丰碑，是后世之鉴。

黑格尔说："无疑，一个时代的杰出个人是特性，一般说来，就反映了这个时代的总的精神。"普希金说："跟随伟大人物的思想是一门引人入胜的科学。"

以史为鉴，面向未来。作为21世纪的继往开来者，我们觉得，在知史基础上具有宽广的知识结构、开阔的胸襟和敏锐的洞察力应是首要的素质要求，而在历史的大背景中追寻丰碑人物的思想、风范和足迹，应是知史的捷径。

考虑到现代人时间的宝贵，我们期盼以尽量精短的篇幅容纳尽量丰富的信息，展现尽量宏大的历史画卷和历史规律。为此，我们编撰了这套丛书。

编撰丛书的过程，也是纵览历代风云、伴随伟人心路、吸收历史营养的过程。沉心于书页，我们随处感受着各历史时期伟大人物所体现的推动历史进步的人类征服力量。我们随着伟人命运及事业的坎坷与辉煌而悲喜，为他们思想的深邃精湛、行为的大气脱俗而会意感慨、拍案叫绝。

然而，在思想开始远游和精神获得享受的同时，我们也随之感受到历史脚步的沉重

和历史过程的曲折。社会每前进一步都是艰难的，都伴随着巨大的痛苦和付出。历史的伟大在于它最终走向进步，最终在血污中诞生了鲜活的"婴孩"。

历史有继承性和局限性，不能凭空创造。伟人也有血肉，他们的思想、行为因此注定了同样具有历史的局限性和阶级的、时代的烙印；他们的功业建立于千千万万广大人民群众伟大创造的基础上。历史是人民群众创造的，伟大的人物们是历史和时代造就的。同时，我们也无法否定此间他们个人的努力。这也正是我们编撰这套丛书的目的。

我们期盼着这套丛书得到社会的认同，对读者，特别是青少年读者之历史感、成就感和使命感的培养有所裨益。史海浩瀚，群星璀璨。我们以对广大青少年读者负责的精神，精心遴选，以助力青少年成长进步，集结出版了《历史的丰碑》系列丛书，敬请读者批评、指正。

历史的丰碑丛书

柏拉图是西方首屈一指的哲学家，是西方的孔子，对西方文化具有重要的影响。了解柏拉图，对于理解西方文化的精神实质，是不可缺少的过程。

　　柏拉图创造了古希腊最完整的哲学体系，提出了感性事物世界之上的理念世界的真实性，建立了希腊哲学的本体论，开创了西方哲学的概念辩证法的研究。他关于两个世界的理论成为基督教天国与人间对立的理论前提，成为基督教神学的哲学依据。

　　柏拉图以理念论为理论基础，建立了理想国家的模式，表达了人生的理想。

　　柏拉图思想体系所表现的强烈的理性主义精神，成为西方文化的灵魂。在一定意义上可以说，后来的西方哲学与文化，恰恰是柏拉图哲学精神的展开与延续。

目　录

历史的丰碑丛书

煌的希腊古典时代

　　只有奴隶制才使农业和工业之间的更大规模的分工成为可能，从而为古代文化的繁荣，即为希腊文化创造了条件。没有奴隶制，就没有希腊国家，就没有希腊的艺术和科学；没有奴隶制，就没有罗马帝国。没有希腊文化和罗马帝国所奠定的基础，也就没有现代的欧洲。

——恩格斯

　　古代，由于活动能力的限制，人类在不同的地理空间形成了若干相对独立的文化圈。虽然这些文化圈之间也有过很多的交流与相互影响，但它们是彼此独立的。在每一个文化圈内，都创造了自己独特的哲学、宗教、文化与科学。在南亚，恒河文明创造了印度哲学，哲学与宗教密不可分的特点使释迦牟尼成为古印度文化的最杰出的代表；在中国，创造了中国古代哲学，重视伦理，注重人的内心世界的修养，这种特点同时也是儒家哲学的特点，孔子是中国文化最典型的代表，在中华文化史上，没有人能够超过孔子的神圣地位；以地中海文化为发源地和摇篮的西方文化，是

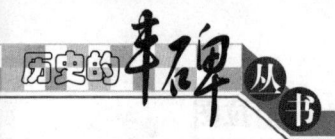

以古希腊哲学和艺术为其代表的，柏拉图就是西方文化史上最灿烂的明珠。柏拉图是欧洲文化史上首屈一指的思想家，是欧洲人的精神导师。由于人类文化在具有民族性的同时又具有世界性，柏拉图和释迦牟尼、孔子一样，也是全人类的精神导师。

今天，我们在阅读柏拉图的著作时，不禁会油然在心底产生一种感觉，当今人类所面临、所思考的人生重大问题，似乎柏拉图都曾讨论过。人们在思考现实生活的重大理论问题时，常常不得不回到柏拉图。对人类来说，柏拉图不是一位历史上的伟人，而是现实生活的永恒的导师。

西方现代著名哲学家怀特海认为："欧洲哲学传统的最稳定的一般特征，是由对柏拉图的一系列注释所组成的。"这段话的含义是，柏拉图奠定了欧洲文化传统的一般特征，后来的思想，不能离开柏拉图，

怀特海（1861— 1947），英国数学家、哲学家，"过程哲学"的创始人。

而要围绕着柏拉图的问题加以讨论。人们可以同意他，也可以不同意他，但是不能绕过他。这很类似我们中国的孔子，在中国讨论问题，可以尊孔，可以反孔，但不能说和孔子无关系。柏拉图和孔子这样的思想大师，真正是人类精神的永恒丰碑。

为了理解柏拉图，理解这位 2400 多年前的贤哲，我们必须回到古代希腊，回到西方文明的起源与摇篮，因为，我们只有在柏拉图生活的时代和环境中，才能真切地理解他。

→黑格尔像

谈到希腊，德国近代大哲学家黑格尔曾经一改德国哲学家所特有的沉静，动情地说："一提到希腊这个名字，在有教养的欧洲人心中，尤其在我们德国人心中，自然会引

起一种家园之感。欧洲人远从希腊之外，从东方，特别是从叙利亚获得他们的宗教，来世，与超世间的生活。然而今生，现世，科学与艺术，凡是满足我们精神生活，使精神生活有价值、有光辉的东西，我们知道都是从希腊直接或间接传来的。"（黑格尔：《哲学史讲演录》，第一卷，商务印书馆，1956年，第157页。）黑格尔的这段话对于我们理解西方近现代文化是很重要的。西方学者们公认，西方文化主要有两个来源，一个是西方人自己的希腊文化，一个是东方的希伯来文化，即犹太文化。这两种古代文化在公元1世纪前后，相互融合了几百年，最后形成了基督教，决定了西方文化的基本特征。当然，尽管是著名的哲学家，也难免留下一根德国人所特有的庸俗的尾巴。黑格尔的这段话中讲到东西两种文化，但言语之间流露出古希腊文化（西方）优越于叙利亚文化（东方）的意思，尤其是包含了德国人的种族优越意识，这是不可取的。从黑格尔的论述我们应该得到一点启示，任何大思想家，不论其成就多么辉煌，他毕竟是个人，是人就会有缺陷，其崇高中包含着渺小，其儒雅中隐藏着庸俗。黑格尔忽视了晚出的希腊文化对东方文化的吸收与继承。

　　从时间上看，古希腊文化晚于尼罗河、两河、恒

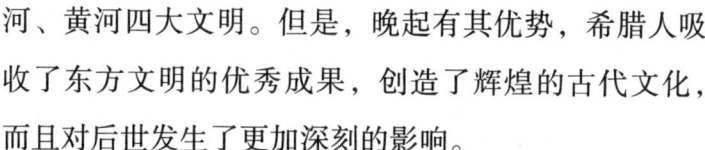

河、黄河四大文明。但是，晚起有其优势，希腊人吸收了东方文明的优秀成果，创造了辉煌的古代文化，而且对后世发生了更加深刻的影响。

公元前2000年左右，东地中海当中的克里特岛上，最先产生了奴隶制文明。克里特岛具有得天独厚的自然条件，南临埃及，东临腓尼基和塞浦路斯。东面和南面的文化很容易传播过来。地中海气候使岛上物产丰富，宜于农业和渔业生产。由于航海方便，可以得到各种技术，所以手工业也很兴旺。克里特文化的代表是米诺斯王宫，克里特文化又称米诺斯文化。许多世代以后，希腊半岛还流传着克里特文明的传说。据说在特洛伊战争以前，大约是雅典建城的时候，雅典曾是克里特岛的半诺斯王的属国。米诺斯王要求雅典每9年进贡一次，每次进贡7对童男童女。这些童男童女将被放进一个迷宫，被里面的半人半牛的怪物所杀。雅典国王爱勾斯的儿子特修斯是位健美的王子，为了使他的人民摆脱苦难，他率领13对童男童女去了克里特。米诺斯王的女儿阿里阿德涅公主倾心于特修斯的俊美英武，给了他一个线球和一柄魔剑。特修斯杀死了怪物，并沿着放出的线走出了迷宫，带着童男童女们逃出了克里特。但是，他们在望见祖国海岸时欣喜若狂，挂错了报信的帆，站在海岸翘首以待的爱

←爱琴海

勾斯国王以为特修斯死了，绝望地投海而亡。后人为了纪念他，这海遂叫作爱琴海。特修斯回到雅典，成为国王。这遥远而又美丽的传说表明，米诺斯文明曾经比大陆上的文明先进而强大。克里特人在金属制造业和制陶业方面，取得了极高的成就。他们用塞浦路斯的铜和来自欧洲大陆的锡，炼造出精美的短剑、长剑和其他青铜器具。克里特人建立了强有力的海军，保卫国土和海上贸易，他们的船队航遍了地中海沿岸和埃及。克里特人创造了较少宗教气氛而较多现实生活风格的艺术品，这些自然明快风格的艺术品包括彩陶、绘画与建筑。克里特文化的世俗性、自然主义的精神，对后来希腊半岛出现的文化发生了影响。

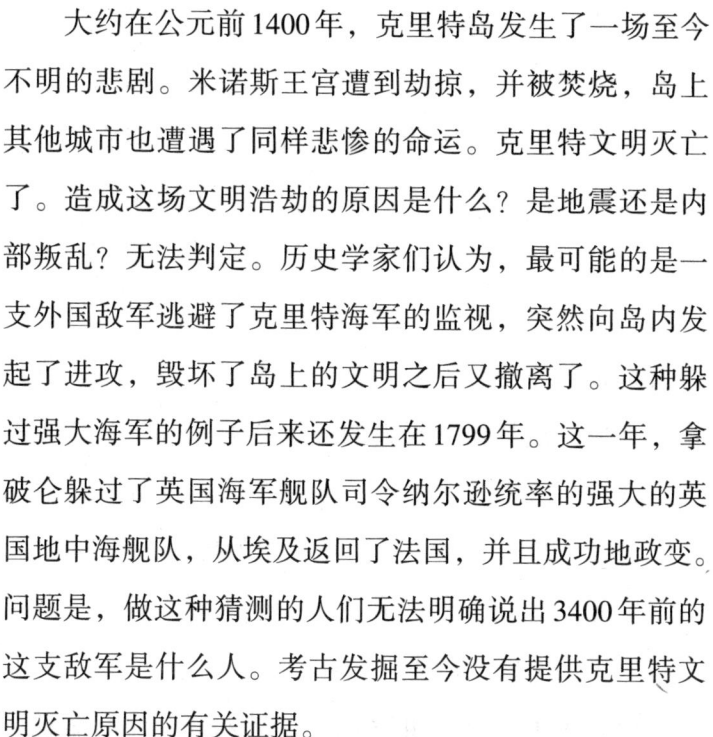

　　大约在公元前1400年，克里特岛发生了一场至今不明的悲剧。米诺斯王宫遭到劫掠，并被焚烧，岛上其他城市也遭遇了同样悲惨的命运。克里特文明灭亡了。造成这场文明浩劫的原因是什么？是地震还是内部叛乱？无法判定。历史学家们认为，最可能的是一支外国敌军逃避了克里特海军的监视，突然向岛内发起了进攻，毁坏了岛上的文明之后又撤离了。这种躲过强大海军的例子后来还发生在1799年。这一年，拿破仑躲过了英国海军舰队司令纳尔逊统率的强大的英国地中海舰队，从埃及返回了法国，并且成功地政变。问题是，做这种猜测的人们无法明确说出3400年前的这支敌军是什么人。考古发掘至今没有提供克里特文明灭亡原因的有关证据。

　　克里特文明灭亡之后，希腊大陆上的迈锡尼文明

→克里特岛

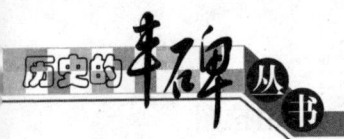

兴起了。创造迈锡尼文明的是希腊人的一支阿卡亚人，他们大约于公元前1600年进入希腊中部和南部。阿卡亚人的社会逐渐从氏族制走向阶级社会，建立了迈锡尼国家。迈锡尼位于希腊南部伯罗奔尼撒半岛上，距海几十公里。大约在公元前1200年，发生了著名的远征特洛伊城的战争。迈锡尼诸城邦国家组成了联军，渡海远征位于小亚细亚半岛（今属土耳其）的富庶城市特洛伊。这场得不偿失的战争打了10年，以惨重的代价换取了无意义的胜利，迈锡尼人大伤元气。著名的木马计的故事就发生在这场战争的尾声。不久以后，另一支希腊人北方的多利亚人南下入侵，迈锡尼的阿卡亚人抵挡不住，最终灭亡。

公元前12世纪—前8世纪，进入并征服希腊地区的多利亚人逐步从父系氏族社会转变为奴隶制社会。希腊地区不再像克里特和迈锡尼时期那样，文明只是局部现象。这时，多利亚人散布希腊各地，古希腊普遍地产生了奴隶制文明。希腊人不仅在本土，而且，他们大规模地向地中海沿岸各地殖民，他们在小亚细亚、南意大利、西西里岛、北非，甚至在西地中海，建立了二三百个殖民城邦。历史上所说的古希腊文明，是希腊人创造的文明，但是从地理上说，都不能仅限于希腊本土，而要包括东地中海的各殖民城邦。公元

前12世纪—前8世纪这段时期，是古希腊人逐渐从氏族制向奴隶制转变时期，同时，这段时间内形成了一部辉煌的史诗——《荷马史诗》。这是逐步从民间歌谣发展到由歌唱诗人演唱的史诗。（史诗并不是盲诗人荷马一人写成的，而是漫长年代许多人世代相传积累的，荷马可能是唱得最全、最好的吟唱诗人。）史诗记载的是阿卡亚人远征特洛伊的故事，但是表现的社会现象却是公元前12世纪—前8世纪希腊社会从部落酋长制向奴隶制转变的过程，历史上把这一时期称作"荷马时代"。

又经过几百年的发展，希腊社会进入奴隶制的黄金时代，公元前5世纪—前4世纪，历史上称之为"古典时代"。公元前6世纪末，希腊各城邦国家团结一致，打败了波斯人，取得了希波战争的胜利，从此，希腊人控制了地中海，促进了希腊手工业和贸易的发展。

繁荣时期的古希腊有几件事情值得特别提出来。首先是希腊的宗教。希腊人信奉的宗教主要是奥林匹斯教。他们相信，世界最早的神是天父和地母，后来，天父和地母的子女们取代长辈的位置，成为统治世界的神。这些统治世界的众神居住在神圣的奥林匹斯神山上，众神之王是宙斯，他是雷电之神。其他的神还有海神波塞冬，太阳神阿波罗，战神阿瑞斯，爱神阿芙洛狄特，智慧女神雅典娜，其他还有火神、谷神、河神、正义之神、复仇女神等许多神祇。这是一种多神教。按照这种多神教的说法，人类是众神们用泥土塑造的，并且把灵魂吹进了人的身体。后来，人类在大地上繁殖，布满了大地。但是人类没有技术，不知道利用宇宙万物，也不知道辨别时间和制订行动计划。有一位大神叫普罗米修斯，他来到人间，教人类观察星辰计算时间，教人类写下符号交流思想，并且教人类驯马、劳动、航行、治病、冶炼等等，尤其是他从天上偷来火种，教人类学会了用火。人类的好生活引起了众神的妒忌，宙斯让火神创造了一个美丽少女，取名潘多拉，这女人手捧着一只密闭的匣子来到人间。她来到人间后，突然掀开了盖子，从匣子里飞出了各种各样的灾难，例如瘟疫、火灾、战争、偷盗、欺诈等等。潘多拉又盖上了匣子，里面还藏着一件美好的东西：希望，却永远地留在了匣子里。从此以后，人类便有数不清的灾害和苦难。奥林匹斯教有许多神，其实每个神都是一种自然力或自然物的化身，或者换句话说，每一个神都是人用想象力依据某种自然力或自然物创造出来的，希腊的每一个城邦都选择其中一个作为自己城邦的保护神，例如雅典的保护神是雅典娜，城市因神得名。神和人之间的联系主要依赖祭祀

→希腊神话中的女神雅典娜，雅典的守护神。

和占卜，祭祀是人对神表达敬意和慰劳的方式，占卜则是人向神征求意见和寻求答案的方法。接受人类祭祀的神有责任保护人类的利益，成为人类的保护神；接受神祇保护的人类有义务向神表达忠诚和礼拜，成为神祇的供奉者和信仰者。神和人之间这种关系同其他民族一切多神教一样，并没有什么特别。但是，奥林匹斯教的特点是整个宗教生活较少阴郁和恐怖气氛，相反却充满了欢快和愉悦，例如，只有希腊民族把体育竞技和健美比赛作为敬神的仪式。

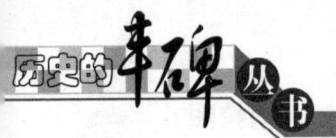

　　神人同形同性观念本来是一切民族多神教共有的特点，但奥林匹斯教尤为突出。在荷马史诗中，神与凡人一样，有躯体，有刀枪可入的皮肉，会流出殷红的血；有同我们一样的本能，有愤怒，有肉欲；神与人间少女生的孩子都是半人半神的英雄和美女。奥林匹斯教的神只是一些巨人，是有着父母、身躯和家庭的存在，这样的神并不令人恐怖。神祇是人性的，只是在智慧和力量方面是超人的，是不死的。神与人最大的相同点在于神也有缺点和弱点，道德上只相当于普通人，也会犯各种错误。希腊人的这种宗教观对于他们的文学艺术和哲学的影响极大，他们创造的无数惊世珍品大都是以神为题材和对象的。

　　古希腊的政治制度也很有特点。东方文明主要是河流冲积平原上的农业文明，由于生产和地势的原因，都形成了中央集权的国家。但是，希腊地处多山的海岸，往往是一个河谷的一小块平地形成了一个居民点，希腊人称为城邦，同外界的联系主要依赖于航海。他们没有建立起统一的集权国家，一直是由几百个城邦国家联合组成的。雅典和斯巴达是最大的两个国家，自由民人数不过几万人。雅典的政治制度发展最有代表性，从奴隶制国家建立以后，经过两百多年的改革，逐渐地由血缘奴隶主掌权的贵族制演变为工商业奴隶主占主导的民主制，著名的梭伦是杰出的政治改革家。所谓民主制，即全体自由民都可以参与国家事务的决定，从自由民当中，选出处理各种事务的机构，例如，选出一些人组成法庭，选出一些人组织起军事指挥机关。每个公民都可以在国家的一个部门里任职。城邦的最高权力机构是全体自由民参加的公民大会，城邦的大事由公民大会投票决定。这种政治制度充分调动了雅典人的热情和创造力，鼓励每个城邦公民在某一个领域施展才华。民主制度最完善最辉煌的时期是公元前461年伯利克里当政后的几十年。伯利克里曾说过："我们的制度之所以被称为民主政治，因为政权是在全体公民手中，而不是在少数人手中。"民主政治使雅典人在哲学、文学、艺术方面的创造力犹如火山喷发，为人类留下了那么多的哲学、喜剧、悲剧、雕塑、绘画、陶器等文化精品，涌现了那么多在历史长河中永远闪光的人物。例如，民主政治必然使讲演和辩论成为一种必需的才能，修辞和逻辑就会发展起来。古典时代的民主制雅典成为希腊的学府。希腊人的政治制度作为一种原始的民主政治的模型，对西方近代社会具有极其深刻的影响。

谈到雅典人的艺术创造力，应当讨论一种独特的文化现象。雅典修建了一种古代的大剧场，把一面小

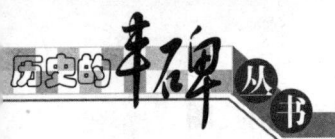

山坡修成阶梯式的观众座席，下面的平地修成舞台，舞台后修起一面石墙。演员的声音可以清晰地传到上面的观众席上，而且舞台后面的石墙有助于反射声音。这种建筑模式今天被全世界采用，几乎所有的大学里的阶梯教室都是这种希腊剧场的式样。这种剧场是由国家修建的，国家在各种节日、纪念日，上演由著名剧作家创作的剧目。这种全民欣赏作品的措施对于提高雅典人的文化教养和素质有重要的作用。雅典在卫城的小山上建有神庙，神庙里有各种神的雕像，这些雕像并不是供奉礼拜的对象，而是观赏的对象。雅典的神庙是开放式的，用许多根巨大的石柱撑起穹顶，这种建筑给人以庄严、崇高的感觉，却不会产生恐怖感。神庙内的神像与其说是神，不如说是人体艺术，神像的模特是运动员和少女。希腊人对人体的观念几乎与东方一切民族相反。东方民族大都认为人体是不能公开的，要紧紧地包裹起来。希腊人把健美的人体当成荣誉，认为肉体美是灵魂美的标志。所以，只有希腊人才会在古代创造出"体育"和人体艺术。雅典的神庙、运动场、市场等场所是自由公民们辩论、研究的场所，这种独特的学术环境培育了许多学者。我们从苏格拉底在雅典公民大会上的发言可以看出，雅典公民能够听懂他那富于哲理的讲演，说明雅典公民

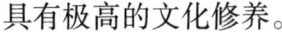

具有极高的文化修养。

以雅典为代表的希腊城邦奴隶制的民主政治形式在古代社会是一种独特现象，是不可能持久的。由于人类社会实践的发展，这种小国寡民的政治制度必然被大帝国所取代。公元前4世纪，雅典城邦陷入了危机之中。希腊人不再团结一致，内部发生了战争，以雅典为首领的城邦联盟同以斯巴达为首领的城邦联盟相互混战了20多年，这就是历史上著名的伯罗奔尼撒战争。最后，贵族制的斯巴达战胜了民主制的雅典，于是，贵族政治在雅典重新建立。在古代条件下，实行民主政治是要由多方面条件来保障的，一旦失去了某些条件，民主制这种古代社会的独特现象就无法维持。要不了多少时间，希腊就被马其顿征服了，接着就被罗马人征服了。马其顿帝国和罗马帝国都把希腊的各城邦统一为中央集权下的州郡。

伟大的时代产生了伟大的思想家，古代希腊最伟大的三位哲学家依次产生于古典时代。苏格拉底是柏拉图的老师，而亚里士多德又是柏拉图的学生。这三位伟大思想家作为西方古代最丰富的思想宝库，正是希腊古典时代那波澜壮阔的社会实践的精神表现。

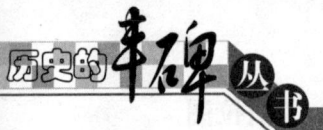

相关链接
XIANGGUAN LIANJIE

克里特岛

克里特岛位于地中海北部，是希腊第一大岛，是爱琴海最南面的皇冠，它是诸多希腊神话的源地，过去是希腊文化、海洋文明的摇篮，现在则是美景难以形容的度假地。

克里特岛是地中海文明的发祥地之一，曾在此发掘出公元前10000至公元前3300年新石器文化遗迹。约从公元前2600至公元前1125年，岛上涌现了著名的米诺斯文化，艺术、建筑和工程技术空前繁荣，并建立了统一的米诺斯王朝。20世纪初，还在该岛北部发掘出克诺索斯王宫遗址，规模宏大，与传说中的迷宫隐隐相符，集中代表了米诺斯文化的成就。

←克里特文明遗址

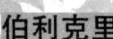

伯利克里

伯利克里（约公元前495－前429）出身于雅典名门，是当时知名哲学家芝诺和阿纳克萨哥拉的学生。青少年时期就参加了希腊抗击波斯的反侵略战争。伯利克里登上雅典的政治舞台后，他刚正不阿，廉洁奉公，具备一个优秀政治家的品格。他从公元前443年到公元前429年，连任雅典首席将军，掌握国家政权，雅典的奴隶制经济、民主政治、海上霸权和古典文化臻于极盛。公元前429年，伯利克里再度当选为将军，不久染上瘟疫而死。

伯利克里是著名的演说家，在一次纪念阵亡英雄的集会上，他说："我们的国体之所以被称作民主，是因为权力不是被少数人而是被所有人民所掌握。当私人纠纷产生时，所有人在法律面前一律平等。正像我们的政治生活是自由而开放的那样，日常生活中我们人与人之间的关系也是如此……在这里每一个人不仅对自己的私事感兴趣，也对整个社稷的大事感兴趣。"

迈锡尼文明

迈锡尼文明是希腊青铜时代晚期的文明，它由伯罗奔尼撒半岛的迈锡尼城而得名。约公元前2000年左右，希腊人开始在巴尔干半岛南端定居。从公元前16世纪上半叶起逐渐形成一些奴隶制国家，出现了迈锡尼文明。在伯罗奔

迈锡尼城堡遗址出土文物

尼撒半岛的迈锡尼、梯林斯、皮洛斯，中部希腊的忒拜、奥尔霍迈诺斯、格拉斯和雅典以及帖撒

利亚的约尔科斯等地陆续出现过卫城、宫殿和规模宏大的圆顶墓；其中尤以迈锡尼的这类建筑最为雄伟，它的卫城入口是著名的狮子门。

迈锡尼文明是在19世纪末由海因里希·施里曼发掘迈锡尼（1874年）和梯林斯（1886年）的过程中重现天日的。施里曼相信自己找到了荷马史诗《伊利亚特》和《奥德赛》中所描写的世界。在一个迈锡尼的墓穴中，他将所发现的一个金箔面具命名为"阿伽门农面具"。同样，他将一个在皮洛斯发掘的宫殿命名为"涅斯托耳宫"（神话中

迈锡尼遗址

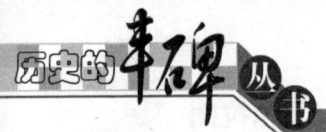

皮洛斯王国的国王）。

20世纪初，阿瑟·埃文斯爵士对克里特岛进行了发掘研究，自此迈锡尼世界厘清了与先于它的米诺斯文明之间的关系。在对克里特岛上的诺索斯进行发掘期间，埃文斯发现了数千块年代约在前1450年的黏土泥板，由宫殿的一次大火意外地烘烤成型。在这些泥板上他辨认出了一种未知文字，他认为这种文字比线性文字A更先进，因而命名为线性文字B。此外，在迈锡尼、梯林斯、皮洛斯等迈锡尼宫殿内也发现了写有这种文字的泥板。1952年，这种文字终于被Michael Ventris和John Chadwick破解，鉴定为古希腊文的一种字体。自此，迈锡尼文明逐渐被人所了解，从而走进了文字历史，被定位于爱琴文明的青铜时代。

潘多拉的魔盒

潘多拉，希腊神话中宙斯用黏土做成的第一个女人，作为对普罗米修斯为人类盗火的惩罚。宙斯首先命令火神黑菲斯塔斯依女神的形象做出一个可爱的女人，再命令爱与美的女神阿芙罗狄特淋上令男人疯狂的激素；女神雅典娜教女人织

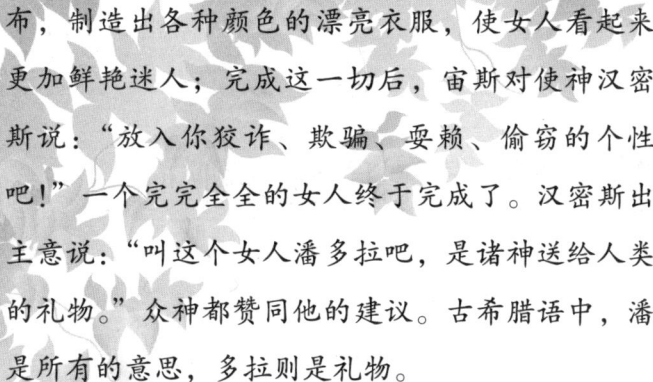

布，制造出各种颜色的漂亮衣服，使女人看起来更加鲜艳迷人；完成这一切后，宙斯对使神汉密斯说："放入你狡诈、欺骗、耍赖、偷窃的个性吧！"一个完完全全的女人终于完成了。汉密斯出主意说："叫这个女人潘多拉吧，是诸神送给人类的礼物。"众神都赞同他的建议。古希腊语中，潘是所有的意思，多拉则是礼物。

在宙斯的安排下，潘多拉被送给了普罗米修斯的弟弟伊皮米修斯，因为宙斯知道普罗米修斯是绝对不会接受他的礼物的。在举行婚礼时，宙斯命令众神各将一份礼物放在一个盒子里，送给潘多拉当礼物。潘多拉为好奇心所驱使，偷偷打开了宙斯送给她的盒子，里面装的贪婪、杀戮、恐惧、痛苦、疾病、欲望等一齐飞了出来，幸好里面还藏着一件美好的东西，那就是希望。从此，人类便遭受了数不清的灾难。后来人们就用"潘多拉的魔盒"来比喻灾祸的来源。

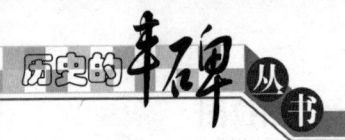
探索真理的思想先驱们

> 我们说一个自由的人是为自己活着，不是为
> 伺侯别人而活着；哲学也是一样，它是唯一的一
> 门自由的学问，因为它只是为了它自己而存在。
>
> ——作者题记

　　任何伟大的思想都不可能是思想家个人天才和一时灵感的产物，只能是人类精神财富的一种结晶和积累。柏拉图生活在公元前4世纪，他的思想成果一方面来源于社会生活，另一方面又是希腊哲学发展的结果。我们应该回顾一下柏拉图哲学的思想先驱们。

　　希腊人思索宇宙与人生奥秘的哲学最先开始于公元前6世纪，最早的希腊哲学是从宗教神话中脱胎产生出来的。从有人类开始，人们一直在思考一个问题，我们周围的事物，这个世界，是怎么来的？是怎么产生的？各民族都产生了自己的"宇宙由来观"，或者叫作"创世论"。人类必然会提出"世界是什么"的问题，因为人类与动物的区别是有意识，能思维。自古以来，形形色色的民族，提出了无数的理论来回答这个问题，这些理论有高有低、有雅有俗，但一个民族只有采取一种理论，心灵才会安宁，生活才会平静。在日常生活中，我们会发现，如果一个人对世界缺乏一种自己能够接受的解释，不知道自己的来历，不知道自己是谁，那么，这个人生活不会幸福，他一定会处于一种焦虑、烦躁和惶惶不安的状态。人类关于宇宙万物、关于世界来源的观念，是人安身立命的基础观念，是人之为人的核心观念。古希腊大哲学家亚里士多德说："求知是人的本性。"人们并不是物质生活好了，才会去关心灵魂，在许多情况下，人们宁愿饿着肚子，也要先去修建敬神的场所。可见，思索宇宙与人生的奥秘是人之为人的本性。各民族的宇宙由来观在哲学产生之前都是宗教神话的形式。由于原始社会生产力水平很低，人类的生活极其艰难，因此只有在进

亚里士多德（公元前 384—前 322），古希腊伟大的哲学家、科学家、教育家。

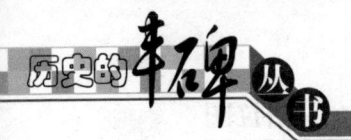

入奴隶社会以后才会逐渐创造出理论形式的哲学,在此之前,只能有世代相传的宗教神话。世界各民族的宗教神话中包含了各民族对宇宙的原始的理解。在中国有盘古开辟天地、女娲造人补天的故事;犹太人有上帝6天创世的故事;希腊人有众神造人、普罗米修斯为人类盗天火的传说;波里尼西亚人有森林分开天父地母并保护众多动物兄弟免受狂风袭击的故事。原始人并不是出于审美的需要而创造这些神话的,这都是原始人世代相传的关于世界起源的知识与理解。原始人对待它们,相当于我们今天对待"真理"。例如,马来人有这样一个传说:日和月各有许多子女,非常吵闹,他们相约各自吞食自己的子女,日践约以后,发现月背约,于是大怒。月逃避,日逐月。月待日走远,方让自己的子女们(星辰)出来。正是因为这样,月亮出来时有一大群子女,太阳出来时则孤单一个。原始人类用这样的故事来解释自然事物的关系和原因。在古希腊,到了公元6世纪,由于生产的发展、知识的积累,也由于社会分工产生了一批专门从事脑力劳动的知识分子,于是最早的哲学终于从宗教神话中诞生出来。古希腊第一位哲学家,也是整个欧洲哲学之父,叫泰勒斯。他是小亚细亚希腊殖民城邦米利都人,鼎盛年(鼎盛年:古希腊史术语,指一个人最旺盛的时期，约在40岁）大约在公元前585年，曾到埃及、巴比伦等地去游学，吸取东方的科学知识。泰勒斯提出了古希腊第一个哲学命题：万物的本原是水。意思是说，万物生于水，又复归于水。泰勒斯这个极朴素的观点表现了人类意识一次巨大的进步。在此以前，人们认为，万物起源于神，用神的原因来理解世界。泰勒斯开始用水、用自然的原因来说明世界，这是一种根本性的转变，从神秘转变为自然、客观，从幻想转变为经验观察，从世代口头传说转变为思想家个人的独立思考与写作，从强迫信仰转变为自由讨论。这根本性的转变代表哲学的诞生，代表人类意识进入了理论、逻辑、理性的阶段。这是人类意识的第一次分化，在此之前，人类意识是笼统的未分化的原始意识，

海边的希腊少女　　［英］弗雷德里克·莱顿

是宗教神话与传说。经过这次分化，哲学作为理论意识分化出来。这时的哲学，刚刚从宗教神话中分化出来，它本身又是个理论意识的母体，各门具体的学问还没分化，都包含在哲学之中，所以哲学成了人类智慧与知识的总汇。例如数学，它也是最早的哲学家们的研究对象，哲学家也是数学家，当数学知识积累到一定程度，可以独立地构成一门学科时，它就从哲学中分离出去了。

哲学从宗教神话中分离出来形成一门独立的学科以后，便按照自身的逻辑而发展起来。泰勒斯以后，哲学家们提出的理论围绕着"世界的本原是什么"这个问题。有的认为万物的本原是气，有的认为是火，还有的认为是水、火、气、土4种原始物质。原子论哲学家德谟克利特则提出，事物的性质是无限多样的，用水、火、气、土4种物质怎么可能解释无数种事物呢？他认为万物的本原应该是一种极小的不可见的物质微粒，他称为原子。原子是不可分割的最小物质微粒，原子的形状不同，有尖的、方的、圆的、钩的，形状不同的原子组成事物后性质也不同。原子的数量是无限的，其形状和组合方式也是无限的，因而事物是无限多样的，世界是无限的。用原子解释万物的生灭是十分有利的，原子组合则事物生成，原子分散则

事物灭亡，原子增加则事物成长，原子减少则事物缩小。原子论哲学是古希腊人的一大思维成果，原子、物质微粒等观念，对后来2000多年的西方科学和哲学发生了重要的影响。

从泰勒斯的水，到水、火、气、土4种物质，再到德谟克利特的原子，这派哲学有一个逐步发展进化的过程，本原越来越适于解释世界，所包含的思想内容越来越丰富。这派哲学的共同特点是，把本原理解为一种物质，简单一些是水、火等可见的物质，复杂一些是不可见的物质微粒。原子的不可见，不是因为它是抽象的存在，而是因为它太小，小得不可见，它仍然是具体的物质的存在。哲学上把这派哲学称为唯物主义。这派哲学的这个特点使他们把本原理解为构造万物的原始材料，本原是构造世界的原初物质。例如要造一座楼，需要石头、砖瓦、沙子等材料，这些是这座楼的原始物质或本原。哲学如果停留在这个水平是不能让人满意的，这一是因为太简单，二是因为仅仅指出构造事物的材料是不够的。事物要存在，一方面要有材料，另一方还要有把这些材料有机地结合在一起的原理和规律。要造一座楼，仅有沙石土木是不行的，还必须有符合力学原理的设计，否则材料堆在一起，要么会坍塌，要么不美观不实用，所以理论、

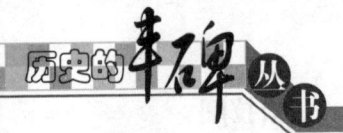

原理是必须的。在希腊哲学唯物主义不断发展的同时，另一派哲学也逐渐地产生了，即唯心主义倾向的哲学。

在泰勒斯之后不久，在南意大利出现了一位著名的哲学家叫毕达戈拉斯。他也是位著名的数学家，所谓毕达戈拉斯定理（中国叫作勾股定理）就是他最早证明的。他在研究数学中发现，任何事物当中都有数。例如，有一次他路过铁匠铺，听到里面传出高低不同的声音，他把不同大小的锤子称了一下，发现音调的高低同锤子的重量成正比。他提出一个观点：万物的本原是数。这种本原同唯物主义的本原差别很大，水、火、原子，是具体的东西，数是什么呢？当然，毕达戈拉斯也说

毕达戈拉斯（公元前572？—前497），古希腊著名数学家、哲学家，最早悟出万事万物背后都有数的法则在起作用的大师。

不清数是什么，他只是觉得万物都离不开数，所以数应该是事物的原因。应当说，毕达戈拉斯提出了一个重要的思考方式，在解释事物的原因时，不能只注重看得见的材料，也要思考看不见的原因。他还不能明确地说，事物的一个方面的原因是原理，但他的观点有这种倾向。我们知道，数是人对事物中所具有的数量属性的一种抽象概括，数是人的概念，一旦把毕达戈拉斯的观点引申，希腊哲学将走向唯心主义。因为所谓唯心主义，就是认为世界本质上是精神的。

这种走向唯心主义的倾向在毕达戈拉斯之后又产生了一位哲学家叫巴门尼德。他认为，争论事物的本原是水，还是火，是毫无意义的。因为，当我们舍弃掉万物的无限差别，只从统一的共性的方面来思考它们时，只有一个东西，即存在物。感官上无论差别有多么大，事物到了我们的思想里，就成为毫无差别的存在物。在巴门尼德看来，事物作为有差别的感性存在是不真实的，事物只有作为思想的无差别的存在才是真实的。巴门尼德对事物只从共性的方面来理解，只从思想当中来理解。这种思考方式最终容易走向对世界的思想的精神的理解，即走向唯心主义。

使希腊哲学转向唯心主义并且将其引上主导地位的是柏拉图的老师苏格拉底。这里需要说明的是，我们总有一个简单化的观念，似乎唯物主义是进步的，唯心主义是反动的，这个公式过于天真了。我们只要想一想，中国的孔子、孟子、老子、庄子，西方的柏拉图、亚里士多德、黑格尔，这些伟大的思想家都是唯心主义者，如果

← 苏格拉底

简单地把他们都称为反动一言以蔽之，那么人类文明史岂非一片空白？所以，当我们谈到某位哲学家是唯心主义的时候，我们指的只是他的学术观点，而且每一种观点都是有可取之处的。我们应该重视某些哲学家的具体理论贡献，不应过分地计较他采取什么样的思考方法。苏格拉底在先前哲学发展的基础上，把哲学水平向前推进了一大步。他认为，哲学家们一直在寻找世界万物的原因，但一直没有找到真正的原因。他提出，例如，我们面前有许多张桌子，为什么所有这些桌子都是桌子呢，可见，这些桌子当中一定有一种共同的本性。又如，当我们谈论"美"的时候，人

们可能想到美的少女、美的花朵等等。其实，这些都只是美的东西，我们应该研究的是那使具体的美的东西成为美的本性。苏格拉底明确地说，许多张桌子都是桌子，可见，一定有一个具有普遍性的"桌子本身"；许多美的东西都是美的，可见，一定有一个使事物成为美的"美本身"。这个"美本身""桌子本身"，不是具体的东西，而是具有普遍性的东西，他认为这个东西才是事物的真正原因。那么，这个东西到底是什么呢，苏格拉底没有明确地提出来。但是，苏格拉底开辟了一个新的思考方式。我们研究事物的时候，不要把事物是由什么材料构成的当作真正原因，事物的真正原因是事物的本质，是事物所以如此的原理。这本质、原理，是不可见的，不是感觉的对象，只是

→雅典帕特农神庙

思维的对象。感觉的对象是具体的、个别的，思维的对象才是抽象的、普遍的。例如，我们只能接触到张三、李四等许多个具体的人，却看不见人的本质；只有在思想中，我们抽掉、舍弃张三、李四的

← 帕特农神庙雕像

具体特征，思考到人的本质。苏格拉底的这些论证，是带有重要转折性意义的。哲学产生以来，哲学家们主要在构成事物的材料方面考虑问题，哲学一直不能摆脱感性经验的水平，毕达戈拉斯、巴门尼德表现了超越这一水平的趋向，但是没有完成。苏格拉底完成了这一转变，他把哲学从感性经验提升到理性思维的水平，把哲学关于万物本原问题的思考从个别的具体事物提升到普遍的共性原理的水平。当然，苏格拉底对有些问题没有能说透，关于普遍性或者叫作"共相"的哲学是由柏拉图系统建立起来的。

柏拉图以前从泰勒斯到苏格拉底的哲学家们，关于世界本原的研究，成为柏拉图哲学的思想先驱。

泰勒斯

泰勒斯（约公元前624－前546），古希腊时期的思想家、科学家、哲学家，希腊最早的哲学学派——米利都学派（也称爱奥尼亚学派）的创始人。泰勒斯是古希腊及西方第一个有记载有名字留下来的自然科学家和哲学家，被称为"科学和哲学之祖"。

泰勒斯生于米利都，他的家庭属于奴隶主贵族阶级，所以他从小就受到了良好的教育。他不仅是当时自发唯物主义的代表，同时也是较早的科学启蒙者。他生活的那个时代，整个社会还处于愚昧落后的状态，人们对许多自然现象是理解不了的。但是，泰勒斯却总想着探讨自然中的真理，他至今

泰勒斯

仍有些轶事为人们津津乐道：

一天晚上，泰勒斯走在旷野中，抬头看着满天星斗，他却预言第二天会下雨。他没注意到脚下有一个坑，结果掉进那个坑里差点摔了个半死，别人把他救起来，他说：谢谢你把我救起来，可是你知道吗？明天会下雨啊。

于是又有个关于哲学家的笑话，说哲学家是只知道天上的事情却不知道脚下发生什么事的人。但是两千年以后，德国哲学家黑格尔说，一个民族只有那些关注天空的人，这个民族才有希望。如果一个民族只是关心眼前脚下的事情，这个民族是没有未来的。泰勒斯就是标志着希腊智慧的第一人。

苏格拉底

苏格拉底（公元前469—前399），著名的古希腊思想家、哲学家，教育家，他和他的学生柏拉图及柏拉图的学生亚里士多德被并称为"古希腊三贤"。苏格拉底出生于希腊雅典一个普通公民的家庭。其父是雕刻匠，母亲是助产妇。他早年继承父业，从事雕刻石像的工作，后来研究哲学。

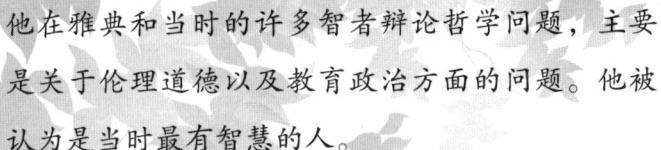

他在雅典和当时的许多智者辩论哲学问题，主要是关于伦理道德以及教育政治方面的问题。他被认为是当时最有智慧的人。

作为公民，苏格拉底曾三次参军作战，在战争中表现得顽强勇敢。此外，他还曾在雅典公民大会中担任过陪审官。在雅典恢复奴隶主民主制后，苏格拉底被控，以藐视传统宗教、引进新神、败坏青年和反对民主等罪名被判处死刑。他拒绝了朋友和学生要他乞求赦免和外出逃亡的建议，饮下毒酒自杀而死。

苏格拉底无论是生前还是死后，都有一大批狂热的崇拜者和一大批激烈的反对者。他一生没留下任何著作，但他的影响却是巨大的。哲学史家往往把他作为古希腊哲学发展史的分水岭，将他之前的哲学称为前苏格拉底哲学。

作为一个伟大的哲学家，苏格拉底对后世的西方哲学产生了极大的影响。他的行为和学说，主要是通过他的学生柏拉图和克塞诺芬尼著作中的记载流传下来。关于苏格拉底的生平和学说，由于从古代以来就有各种不同的记载和说法，一直是学术界讨论最多的一个问题。

苏格拉底的弟子

> 他经常在群众中，因为他早上到广场上去散步，做体操，市场上人多的时候他就出现在那里，其余的时候，他就在可以遇到很多人的地方。他通常总是在讲话，谁爱听就可以随便听。可是谁也没见过苏格拉底做什么不虔敬的事情，谁也没有听见过他说什么罪过的话。
>
> ——克塞诺封

公元前427年，柏拉图出生于雅典的贵族家庭，父母亲在血缘上都可以追溯到雅典历史上的名人。他的母亲是梭伦的后裔，父亲的祖先曾是雅典王族。前些年，人们在进行简单化的阶级分析时，把柏拉图的贵族出身说成是他主张贵族制的原因。其实，大思想家作为人类精神的巨人，其世俗的出身成分对其影响并不是最重要的。印度的释迦牟尼，出身于国王家庭，但是却主张众生平等。在古代社会，文化只掌握在贵族手里，不要说奴隶，即使是自由民的下层，也难得掌握文化，所以，柏拉图、孔子、释迦牟尼都是贵族

出身，是很正常的。

柏拉图本名亚里斯托克勒，"柏拉图"在希腊语中是身材魁梧、胸肩宽阔的意思。他从小受到良好的教育，显露出多方面的才能。他在运动、绘画、音乐等方面都很擅长，写过诗歌和悲剧。我们从柏拉图后来的著作中看到他讨论文学、艺术、美学问题，流畅从容，可见他年轻时对文艺有一定造诣。作为富家子弟，他还在骑兵部队服过役。柏拉图在著作中极少谈到自己，所以，至今人们对于柏拉图年轻时的生活知之甚少。

苏格拉底的影响决定了柏拉图的一生。如果不是苏格拉底把他引上哲学之路，他也可能从事政治活动

→柏拉图像

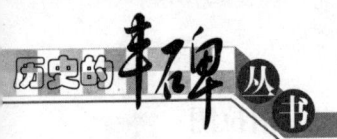

或艺术创作。公元前407年，柏拉图20岁，他烧掉了自己的诗歌和悲剧作品，一心一意追随苏格拉底研究哲学。苏格拉底是雅典最有社会责任感和独立性格的公民。苏格拉底出身平民，生活比较贫苦，家徒四壁，身无长物，平日只有面包和水。他一生真正的事业，是同人谈论哲学问题。雅典自由民是有闲暇的，劳动由奴隶担当，自由民享有国家补贴。苏格拉底身边围拢了一大批青年，有的是从外邦到雅典来求学的，因为雅典当时号称希腊学府。苏格拉底出于义务感，免费教导这些青年，提高他们的思维和知识水平，同时也培养他们的社会责任感和道德品质。柏拉图从苏格拉底那里学到了哲学，掌握了关于共相的思考方式。但是，让柏拉图感到震惊的是，公元前399年，苏格拉底被人控告，罪名有两条，一是败坏青年，一是不敬神灵。苏格拉底本来是道德、虔诚的典范，却因为道德和宗教原因受控。苏格拉底否认有罪，而且拒绝任何妥协方式，坚持自己的做人原则，最后被民主法庭判处死刑。自古以来，很少有人能够理解这一点，人们一致认为苏格拉底之死是历史悲剧，是冤案。只是到了近代，黑格尔利用历史进化的辩证法思想，才说明了苏格拉底悲剧的历史真相。黑格尔认为，苏格拉底作为大思想家，是雅典人的精神导师，但是，苏格拉底的思想并不能被人们立刻接受，思维超前的哲学家受到迫害是历史的必然，这恰恰就是哲人的命运。在苏格拉底时代，人们的善恶观念是长期以来自发形成的，人们认为是天经地义的，从来没有想过要用自己的头脑去思考一番。苏格拉底教导青年，什么是善，什么是恶，要经过自己的独立思考，要有主体意识和道德意识。这样，善恶问题不再是传统的自发的习惯，而成为革新的自觉的道德意识。雅典人不能理解这一点，所以控告苏格拉底败坏青年。

　　对苏格拉底的另一项指控性质也相同。雅典人传统的宗教是奥林匹斯教，神是巨人，吃东西，要献祭，

刻画古希腊人沉静思索神情的陶盘

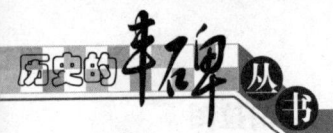

是原始的多神教。苏格拉底在心中建立了一种崭新的神的观念，即一种纯精神的神，一种理性、一种观念。这种神作为精神不需要物质的献祭，只要求信仰和虔诚。苏格拉底的神的观念预示着人类宗教的一场革命，即从原始的自发的多神教转向神学的自觉的一神教。苏格拉底的预示在后来的基督教那里正式体现出来。但雅典人当时根本看不到苏格拉底思想的深远意义，所以控告他不敬神灵。其实苏格拉底敬的是一种更加高级的神灵。

苏格拉底是柏拉图崇拜的恩师和做人楷模，这样的人被处死对柏拉图精神的打击和震撼是可想而知的。柏拉图当时又不可能像黑格尔这样具有历史进化论的辩证眼光。所以，柏拉图认定，民主制度是荒谬的，民主制不仅使雅典在伯罗奔尼撒战争中失败，而且民主制使一些摇唇鼓舌的阴谋家得逞，必将葬送雅典的人民。由此，柏拉图确立了贵族制的政治主张。

苏格拉底去世后，他的弟子们担心政治斗争会殃及自身，纷纷离开雅典，柏拉图也离开雅典到地中海各地游学。

理想而游学地中海

> 他说，或者哲学家应当成为国王，或者
> 国王应当成为哲学家，以便国家能完成它的
> 使命。他依靠和一位暴君的关系，曾亲自做
> 过这种尝试。在柏拉图的理想国里，知识界
> 是作为特殊的和最高的阶层而存在的。
>
> ——马克思

苏格拉底身边的杰出青年们离开雅典以后，许多人在各地有所作为，甚至发挥老师的思想，创立了学派。例如亚里斯提卜在北非的昔勒尼（今利比亚的格林纳）创立了昔勒尼学派即快乐主义学派；安提西尼在雅典创立了禁欲主义的犬儒学派；欧几里德（不是几何学家欧几里德，而是哲学家欧几里德）在麦加拉创立了麦加拉学派。这几个学派各自发挥了苏格拉底那广阔思想的某一个方面，他们没有像柏拉图那样全面而深刻地发展老师的思想，所以，为了同柏拉图创立的学派相区别，哲学史上称他们为"小苏格拉底学派"。从这个称谓可以看出，只有柏拉图才是苏格拉底思想的真正继承者，才是大学派，大哲学。

柏拉图没有匆匆地创建学派。他一方面要清理自己从苏格拉底那里学到的思想，回忆并记录苏格拉底的谈话，同时又要清晰而有条理地表述出来；另一方面，他在表述和研究苏格拉底的

←柏拉图像

同时，要向前发展，要形成自己的思想体系。柏拉图并不是急功近利的人，他要做的是大学问，要建立震撼人心的大思想体系。所以，他没有急于教导别人，而是采取了继续学习的态度。

柏拉图出发了，他要到地中海各地去游历，在游历中访问名人，讨论学问。从公元前399年，柏拉图28岁，到他40岁，这中间大约有12年时间。这段时间里柏拉图并没有全部在外地，当苏格拉底的诉讼事件已经成为过去，事情已经平息，柏拉图又回到雅典，观察了解雅典的社会与政治，但他却没有出来讲任何话。而且需要交代的是，柏拉图没有结婚，他一生也没有结婚。

苏格拉底被处死后不久，柏拉图和苏格拉底的其他学生们感到目前自身处境危险，他们暂时转移到邻近的麦加拉，投靠那里的欧几里德。柏拉图在麦加拉停留短暂，然后，他去了非洲，到了埃及，也到了利比亚的昔勒尼，又到过意大利，在这中间，他时而回到雅典。今天的人们已经不可能弄清楚柏拉图具体某年在某地，只能大致地知道这10年中他游历了许多地方，而且中间有停歇。有个别资料记载说，柏拉图一边游历一边经商，每次出去都带着货物。对于这种说法我们不必过于重视，无论是否属实都无关紧要，柏拉图不缺少钱，柏拉图也不看重钱，这从他一生的经历特别是后来的办学实践可以看得出来。柏拉图到地

→ 叙拉古，现在已成为著名观光城市。

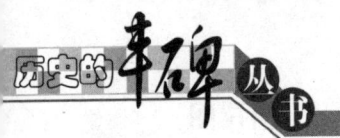

中海沿岸游学，会见各地的学者们，交了许多朋友。例如一位昔勒尼学派的朋友后来曾经救过他；他曾专门为访问毕达戈拉斯学派而去了意大利。

柏拉图在游学期间，一方面考察各地的政治制度，一方面关注着雅典的政治形势。他已经断定，民主制是一种坏制度，许多荒谬的事都是民主制产生出来的。他心目中的理想的政治制度是贵族制的，但是，他心目中的贵族制并不是现实社会中的某种制度，而是他吸收了埃及和斯巴达等地的政治制度，在他的头脑中独立地塑造出来的，而且他已经形成了一整套的系统理论，这套理论他在后来的《理想国》一书中做了详尽的阐述。

游学期的柏拉图最值得说起的是他西西里之行的冒险经历。西西里岛有个城邦叫叙拉古，柏拉图之后100多年，这里曾诞生了一位著名的物理学家阿基米德。叙拉古的君主叫狄奥尼索斯，其妻子是一位名叫狄翁的青年的姐姐，就是说青年狄翁是狄奥尼索斯的小舅子。这个狄翁很崇拜柏拉图，是柏拉图的学生。由于狄翁同叙拉古君主的这种良好的亲属关系，他介绍柏拉图访问叙拉古，并且同狄奥尼索斯会面。柏拉图答应去西西里会见叙拉古君主，并不是要参与政治或者谋取一个官位，他没有这种想法。柏拉图的目的

→地中海风光

是说服这位叙拉古君主按照他的设想去统治国家，即实现他的政治理想。柏拉图作为一个哲学家，只懂得讲道理，不懂得政治斗争的残酷与险恶，他抱着这样的目的去和一位君主交往，后果很不妙。

　　按照预先的安排，柏拉图真的同叙拉古的君主见了面，据史料说，言谈之间得罪了狄奥尼索斯。是什么言谈呢？柏拉图是个修养很深的思想家，他不会因为礼貌的原因得罪于人，他说话一定会很得体，举止一定会很优雅，言词一定很谦虚。看来，引起专制君主恼怒的一定是柏拉图谈话的内容。不管柏拉图怎样谨慎，他总得表达出他的观点和主张。狄奥尼索斯是叙拉古城的僭主。僭主政治是古希腊城邦国家中的一种特殊现象。一般情况下，僭主政治介于贵族制和民主制的中间状态，是两者转化的过渡形式。从字面意

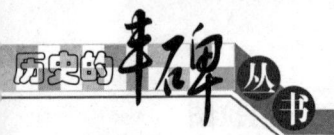

义可知，僭主是僭越的君主。僭主取得政权是靠非法手段，或者靠武力，或者凭阴谋。非法夺取政权并且实行个人独裁，称为僭主。许多城邦的贵族制被僭主夺取政权，僭主被推翻后转化为民主政治。柏拉图对僭主的看法极其不好，我们从后来他的著作《理想国》之中可以看出来。柏拉图认为僭主实行的是极端的独裁制度，"他不可抑制地要使人流血；他诬告别人，使人法庭受审，谋害人命，罪恶地舔尝同胞的血液；或将人流放域外，或判人死刑；或取消贷款，或分人土地。"柏拉图甚至认为，僭主是人变成"豺狼。"（柏拉图：《理想国》，商务印书馆，1986年，第345页）僭主必定会挑起战争，以借刀杀人。柏拉图对僭主政治这样的看法，在同狄奥尼索斯的交谈中必然要表达出来。而且，柏拉图必然要大讲统治者应该具备的理论素养和道德品质，这些都会使狄奥尼索斯难堪和不舒服。柏拉图还会说，要么统治者学习哲学，要么由哲学家来做统治者，我们很容易想象，狄奥尼索斯听后是什么感觉。如果柏拉图再把他关于统治者不应该追求金钱和利益的主张说出来，狄奥尼索斯差不多要恼羞成怒、气急败坏了。我们不知道柏拉图到底同狄奥尼索斯谈了些什么，只知道结果再糟糕不过。

　　狄奥尼索斯盛怒之下作出了极其荒谬的决定，他先是要杀掉这个在他看来侮辱了他的书呆子，他的小舅子狄翁反复求情、规劝，才免去柏拉图一死，但他仍气愤难平，恰好斯巴达的使节玻利斯到叙拉古，他就把柏拉图交给了玻利斯。狄奥尼索斯是把柏拉图以什么身份交给这位使节的，我们不清楚，但是，此后柏拉图被作为奴隶捆绑在爱琴那岛的市场上出卖，这太危险了，西方文化史险些失去了最光辉的几页。一位昔勒尼派的朋友名叫安尼舍里斯无意之中发现了柏拉图，我们可以想象，安尼舍里斯当时会有多么吃惊，他怎么也不会想到柏拉图这样高贵的人怎么可能成为奴隶。安尼舍里斯立刻筹集资金，为柏拉图赎了身，并且护送他返回雅典。这位昔勒尼的哲学家的思想观

→ 柏拉图像

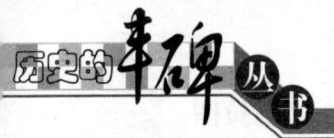

点后人没有什么了解，我们只知道历史上他被称为"为柏拉图赎身的安尼舍里斯"。

柏拉图的西西里冒险之行结束了他的游历时期，他回到了雅典。

苏格拉底一事已成为过去，因此事可能产生的危险已经消失。苏格拉底被处死后，许多人意识到他们做错了事，失去了一位伟大的人。雅典法庭重新审查此案，认定苏格拉底受了冤屈，给他恢复了名誉，放逐和处死了当初指控他的人，并且为了纪念他而为他塑造了金像。民主制度对苏格拉底态度的转变并没有改变柏拉图对它的看法，相反却使他更加认为民主制不稳定和不可靠。但是，给苏格拉底平反使柏拉图有了安全感，使他可以安心地在雅典居住和办学。

有人批评柏拉图的叙拉古之行，说柏拉图仇视民主制，跑到意大利南部，企图在西西里岛实现他的"反动政治主张"，"结果被叙拉古人抓了起来，作为奴隶送到爱琴那岛上去出售，后来才由他的朋友赎了回来。"这种把柏拉图描写成处心积虑推行反动统治的恶人的说法，是对思想史的亵渎，对柏拉图也是极其不公正的。在奴隶社会，自由民之间采取什么政治形式，对于历史来说，本身并没有什么进步与反动之分。我们不能说贵族制的斯巴达反动，更不能说后来马其顿

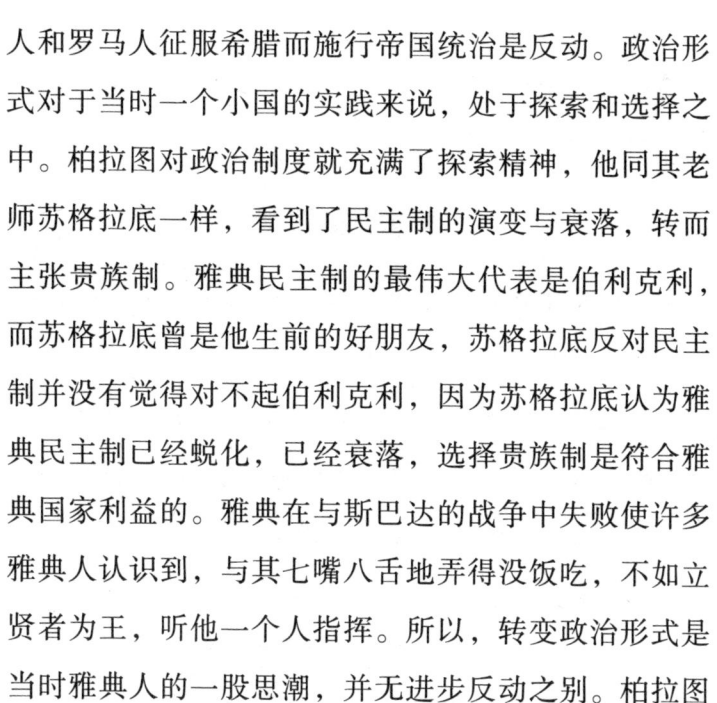

人和罗马人征服希腊而施行帝国统治是反动。政治形式对于当时一个小国的实践来说，处于探索和选择之中。柏拉图对政治制度就充满了探索精神，他同其老师苏格拉底一样，看到了民主制的演变与衰落，转而主张贵族制。雅典民主制的最伟大代表是伯利克利，而苏格拉底曾是他生前的好朋友，苏格拉底反对民主制并没有觉得对不起伯利克利，因为苏格拉底认为雅典民主制已经蜕化，已经衰落，选择贵族制是符合雅典国家利益的。雅典在与斯巴达的战争中失败使许多雅典人认识到，与其七嘴八舌地弄得没饭吃，不如立贤者为王，听他一个人指挥。所以，转变政治形式是当时雅典人的一股思潮，并无进步反动之别。柏拉图目睹现实政治的种种弊端，在思想中设计了理想的国家模式，并且为了这种理想而奔走呼号。他的目的是说服叙拉古的僭主按他的理想国来改革，结果触怒了独裁者。对于柏拉图，我们应该钦佩他为了理想而努力求索的精神。

贵族出身的柏拉图，有很强的社会责任感，为革新政治而呼号遭受挫折之后，他把这种责任心转向了办学方面。他要造就希腊社会的精英，他把自己的理想寄托在这些精英的身上。

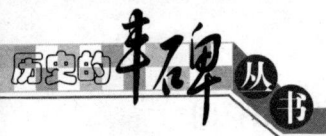

相关链接
XIANGGUAN LIANJIE

麦加拉学派

　　古希腊麦加拉人欧几里得创立的学派。又称小苏格拉底学派。主要代表人还有欧布里得、斯底尔波等。麦加拉学派是在苏格拉底和爱利亚学派的影响下形成的。他们解释苏格拉底所说的善，认为善是唯一的存在，是永恒不变的"一"，除此之外都是非存在。它虽然有各种不同的名称，如智慧、神、心灵等，但除了唯一的善，没有与它相对立的存在。所谓恶，就是无知，谁也不会有意识地去做坏事；只有理性是可靠的，理性的任务就是认识善。

　　为了论证善以外的任何事物都是非存在，麦加拉学派继承了智者的论辩术，证明任何个别、任何语词都存在矛盾。他们有3个著名的论辩或称悖论：①说谎者。一个说谎的人说："我正在说谎。"那么，他是在说谎，还是在说真话？②秃头。拔去一根、两根头发，不能成为秃头；拔到多少根才成为秃头？③谷堆。一粒两粒谷不能成为谷堆，多少粒谷才成为谷堆？麦加拉学派热衷于这类辩驳，因而被称为"论辩派"。但他们也提出了一些哲学问题，触及了量变和质变、一般与个别的关系问题。斯底尔波提出：谁若说"人"，只能说一般的人，而不是这一个或那一个具体的人。希腊后期的斯多阿学派接受了麦加拉学派的影响，发展了他们在逻辑、修辞学方面的成果。

→苏格拉底头像

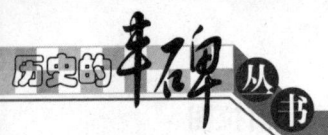

阿卡德米学园与著作

大学之道，在明德，在亲民，非于至善。

——孔子

　　柏拉图从20岁跟随苏格拉底学习哲学已经20年了。前8年在苏格拉底身边聆听教诲，后12年游学地中海，增长知识，积累资料，并且撰写自己的著作。按照希腊人的观念，40岁是人的鼎盛年。柏拉图感到自己的学习期已经完成，应该展自己之学服务于社会，而办学是最能施展自己的学识与才华的工作。

　　公元前387年，柏拉图在雅典城外西北郊，买下了一块地，这块园林原来是用来纪念希腊历史上的一位叫阿卡德穆的英雄的。柏拉图在这里创办自己的学园，名叫阿卡德米（Academy）。买地的钱据说是柏拉图筹集起来准备还给帮助自己赎身的安尼舍里斯的，可是这位朋友不收，柏拉图就把它用在了发展教育和学术上面。柏拉图的阿卡德米学园是欧洲历史上第一所综合性的教育机构，为希腊各城邦培养了一大批学者和统治者。学园的成员主要来自上层贵族子弟，向他们传授知识，讲授数学、哲学和其他学科。学园本身也是古希腊最高的研究机构，产生了一批最著名的学者，亚里士多德是其中的杰出代表。从创建开始，学园一直保持稳定，教学科研不间断，不受任何政治因素的干扰，而且校址也几百年不变，直到公元前86年，罗马的苏拉围攻雅典时，才被迫迁入雅典城内。学园一直存在到公元529年。这时，基督教已经成为欧洲的唯一宗教，基督教不同于学术派别，不能容忍所谓的异端学问，于是，东罗马帝国皇帝查士丁尼下令关闭柏拉图学园。从此以后，整个欧洲只有修道院和教会，任何非教会的自由研究都被取消了，这种漫长的黑暗持续了近千年，直到文艺复兴，欧洲才又闪

现了理性与自由的火光。

柏拉图学园从公元前387年到公元529年，历时900多年，这是人类历史上迄今为止最久远的学院。目前现存的学院中以英国的牛津大学和意大利的波隆那大学最为古老，都建立于12世纪中叶，至今已经800多年，也许再过100年，它们的历史可以超过柏拉图学园，但今天，柏拉图学园仍然是人类历史上的第一学院。在西方语言中，academy的意思是学院、研究院，例如，社会科学院就是social science academy，由此可见柏拉图学园对欧洲文化的决定性影响。

柏拉图学园成员从事哲学和自然科学研究，尤其重视数学研究。据说，学园的入门处高悬一行大字：不通几何学者勿入。柏拉图特别强调研究数学对于培养人的思维能力、激励心灵上升到最高的理性认识的作用。柏拉图本人对数学有相当高的造诣，这从其著作中可以看出来。学园内有一批著名的有贡献的数学家，立体几何的创始人泰阿泰德和其他几位当时希腊的数学家都是学园成员。学园还开展了动物学、植物学方面的研究，根据现有的历史资料，我们知道学园中已经尝试进行动、植物的分类研究。我们从柏拉图的著作中还可以看出学园从事了地理学、宇宙学和其他自然科学研究。长期的民主政治养成希腊人善于论

→柏拉图像

辩、喜欢讨论的风气，学园中的学习方式很类似当今
大学中的研究生讨论班。这种讨论风气被柏拉图的学
生亚里士多德继承和发挥，亚氏后来在自己的学院中
边散步边讲学，被后人称为"逍遥学派"。

柏拉图学园是希腊最著名的学府，但决不脱离社

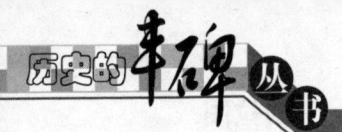

会实际。学员的成员来自希腊各地，学成以后在各地政治生活中发挥作用。学员不仅培养统治者，而且为各城邦国家的政府提供政治咨询。当马其顿国王佩尔狄卡二世在4世纪60年代要求学园派一名顾问时，柏拉图派去欧佛赖俄。学园派去的人对马其顿政治发挥了有益的作用，几十年后，马其顿国王把王子亚历山大交给了亚里士多德来教育。亚历山大后来成为马其顿帝国的创始人和伟大的统帅。柏拉图还向小亚细亚、南意大利和其他一些城邦派出了自己的学生，帮助改革政体，帮助制定和修改法律。总之，学园不仅为希腊世界培养了上层统治者，承担了政治咨询和改革、制定法律、政制的工作，而且还积极地介入了当时的实际政治活动。关于这一点，必须加以讨论。历史上的大哲学家，如柏拉图和中国的孔子，都是大学问家，但绝不是脱离社会现实的书斋中的呆子。一个哲学理论，要被人们所接受，要影响人们的思想，必须是有针对性的，即要解决当时人们头脑中弄不清楚的问题。只有启发了人们，引导了人们，才能成为有吸引力的理论，也才能成为人类历史的财富。孔子游说列国，并且派学生参与政治，自己也从事政治，正是在这些实践中才有他的理论创造。

柏拉图40岁创办学园，从此开始了稳定的学术生活，这中间有的国家请他去咨询和制定法律，他都谢绝了，而是派他的学生们去。从他办学开始到去世，共40年，这么长的时间里只有两次离开了雅典学园，一次是60岁时，一次是66岁时，两次都是去了西西里岛的叙拉古。（关于这两次西西里之行，我们在讨论他的政治思想时再谈。）40年的时间，可以写下许多著作。柏拉图的著作主要分为三个时期：一是他游学时期写的，主要回忆苏格拉底的教导；二是办学的前20年写的，即60岁以前，他形成了自己独立的思想体系，其中最重要的著作是《理想国》；三是晚年写的，这时他的思想更加成熟而且深刻全面，他反省自己以前的思想，修正其中的片面性，使其理论更加符合实际。在哲学史上，学者们将此称为柏拉图思想演变的早、中、晚三个时期。

柏拉图的著作是用对话体写作的。谈话者主要是苏格拉底，一般情况下，苏格拉底教育别人，但在晚期对话中，由于是反省以前的思想，所以有几篇对话苏格拉底成了受教育者，例如，当苏格拉底同巴门尼德谈话时，苏格拉底就成为年轻的受教育者了。同苏格拉底谈话的人，有柏拉图的几位兄弟，有当时其他学派的哲学家，有文学家，还有先前的哲学家。无论这些对话者谈了什么，都与对话者本人无关，其实，

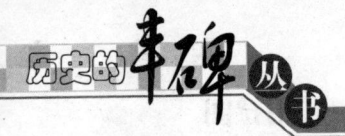

所有这些对话都是柏拉图创作出来的，他是用对话的形式来表述自己的思想。例如，假设要写一篇关于生物进化的文章，我们可以写成达尔文同一位旅行者的对话。

　　柏拉图的著作是欧洲哲学史上最早的完整著作。从泰勒斯开始，许多哲学家都有著作，但这些著作没有一部完整地保存下来。我们今天了解柏拉图以前的哲学家们的思想，主要依靠柏拉图、亚里士多德和其他一些历史学家、传记家们的片断记载。柏拉图和亚里士多德在他们的著作中大量地引证了先前哲学家们的观点，我们是从这些片断记载中去分析先前哲学家们的思想的。这就提出了一个问题，为什么柏拉图的著作得以保存，而其他哲学家们的书籍却都消失了呢？从时间上看，柏拉图和原子论哲学家德谟克利特是同时代人，而且我们知道德氏写下了大量著作，这些著作全部消失了，造成这种文化史现象的原因是多方面的。柏拉图创造了一个延续了900多年的学园，学园一直把祖师爷的著作奉为圣典，是一个原因；先前的哲学毕竟比柏拉图早了若干年，因而著作更难存留，也是一个原因，但这些原因都不是主要的，柏拉图以后的有些著作也散失了。柏拉图著作保存完好的主要原因是基督教会。大约在公元2世纪，古代哲学家们的著作还都保留着，因为2世纪的许多传记作家还摘引着它们。但是，随着基督教会绝对统治地位的确立，那些唯物主义的著作就逐步地被消灭了。古希腊人的著作主要写在两种载体上，一种是纸草，一种是羊皮。基督教会由于奥古斯丁采用了柏拉图哲学来建立和论证神学，所以保护柏拉图的书。对于唯物主义的著作，纸草书烧掉，羊皮书刮掉用来抄写圣经。于是，到中世纪，古代哲学的著作经过基督教会的选择，就成了现在这个样子。

　　柏拉图的著作从今天保存下来的篇名看，共有30多种，但是，人们发现，其有些对话的风格、文笔，甚至思想内容，同多数作品不协调，就是说，这30多种对话中有伪作，即后世的人假托柏拉图之名来流传自己的作品。经过近代学者们的多年研究和考证，最后比较一致地认为柏拉图的真作共28种，对话27种，几封书信作为1种。

→柏拉图头像

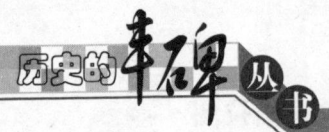

相关链接
XIANGGUAN LIANJIE

洞穴的比喻

在柏拉图的《理想国》中，有一个著名的洞穴比喻来解释理念论：有一群囚犯在一个洞穴中，他们手脚都被捆绑，身体也无法转身，只能背对着洞口。他们面前有一堵白墙，他们身后燃烧着一堆火。在那面白墙上他们看到了自己以及身后到火堆之间事物的影子，由于他们看不到任何其

雅典学院　[意]拉斐尔

他东西，这群囚犯会以为影子就是真实的东西。最后，一个人挣脱了枷锁，并且摸索出了洞口。他第一次看到了真实的事物。他返回洞穴并试图向其他人解释，那些影子其实只是虚幻的事物，并向他们指明光明的道路。但是对于那些囚犯来说，那个人似乎比他逃出去之前更加愚蠢，并向他宣称，除了墙上的影子之外，世界上没有其他东西了。

　　柏拉图利用这个故事来告诉我们，"形式"其实就是那阳光照耀下的实物，而我们的感官世界所能感受到的不过是那白墙上的影子而已。我们的大自然比起鲜明的理性世界来说，是黑暗而单调的。不懂哲学的人能看到的只是那些影子，而哲学家则在真理的阳光下看到外部事物。但是另一方面，柏拉图把太阳比作正义和真理，强调我们所看见的阳光只是太阳的"形式"，而不是实质；正如真正的哲学道理、正义一样，是只可见其外在表现，而其实质是不可言说的。

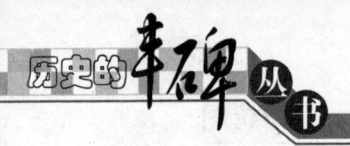

理念世界

> 古希腊罗马时代的至圣、非凡的柏拉图在不止一处陈述过对一种更高的本质的深切的追求，而这种更高的本质的显现可以实现对真理与光明的未曾满足的追求。
>
> ——马克思

柏拉图思想的核心概念是理念，所以人们称他的哲学为理念论，即关于"理念"的理论。理念论是苏格拉底思想的继承与发展，苏格拉底对普遍性、共相的思考是柏拉图哲学的起点。

柏拉图提出，哲学作为人的智慧，是关于真理的，真理是关于真实的存在的。什么是真实的存在呢？一件东西，变动不定，而且具有相对性，就难以成为真实的存在。例如一朵花，现在它存在，可是几天前它不存在，几天以后它也不再存在；而且这朵花美不美呢？那要看和什么相比，同比它美的花相比，它不美，同不如它美的花相比，它很美。如此看来，这朵花既存在又不存在，既美又不美。这样的东西能是真实的

存在吗？显然不能。柏拉图认为，我们周围一切具体的感性事物都是这样的，都不是真实的存在，也不是真正的哲学对象。哲学要追求那种绝对的存在，永恒不变的存在，那才是真正的存在。世界有那种永恒不变的真实存在吗？对于现代人来说，这样的存在是没有的，但是对于处于思维发展早期的人类来说，这正是他们要追求的东西。人类正是在追求这种永恒的真实性中发展了思维能力和科学文化，如果人类一开始就否定了这种追求，那么文化史将成为空白。

　　柏拉图对于真实存在的探索是苏格拉底共相论的合理发展。在对话《拉西斯》当中，苏格拉底与人讨论勇敢，他问拉西斯：什么是勇敢？拉西斯说出了许多勇敢的行为，如作战坚强，坚守法律，修正错误，这些都是勇敢。苏格拉底不满足，进一步说明：我问的是一般的勇敢，是勇敢的"共同性质"，不是勇敢的具体行为；勇敢的具体行为是无限多的，而真正的勇敢却应该只有一个。对这个真正的勇敢的追求将引导人们的思想超越具体的感性，逐步升华到理性思维。在《希庇阿斯》这篇对话中，苏格拉底与人讨论美，他请对方告诉他什么是美，得到的回答是"少女是美的""花是美的""黄金是美的"等等。苏格拉底更加明确地说，不是问"什么东西是美的"，而是问什么是

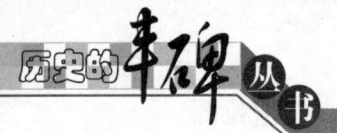

柏拉图的神的观念已经明显区别于奥林匹斯教

"美本身"，并且主张："这类本身加到任何一件事物上面，就使那件事物成其为美。"作为一件东西，可以既美又不美；作为美本身，却是纯粹而又绝对的美。我们今天可以清楚地看到，作为感性的事物，有相对性，既是又不是，作为对许多感性事物之中的普遍性的思维抽象，那是没有相对性的，是什么就是什么。柏拉图处于刚刚追求、思考到事物之中的普遍性的阶段，这时，他感到自己有了伟大的发现，他要把这发现阐述充分，成为人类的精神财富。《游叙弗伦》是讨论虔敬的，即对神的虔诚与尊敬。苏格拉底有了前几次谈话的经验，一开始就对谈话者说："我不是要你给我指出三两件虔敬的事例，而是要你解释那使虔敬的事之所以为虔敬的一般理念。"在这些对话中，尽管苏格拉底的谈话者多是雅典的优秀人物，甚至是哲学家，但是人们还不习惯于抽象思维，更不习惯于抽象地表述，人们对于个别事物背后的一般的实在性总是掌握不好。这是因为，古代是人类的童年，古代人不善于抽象思维。在现代人类的个体身上，童年阶段仍然重现着这种具体意识的特点。例如，我们问一个孩子，什么是"一"，他会回答说，一就是一个苹果、一块巧克力等；如果要求他解释"一本身"，他就会不知所以然了。现代人类由于历史和个人的差异，有些落后一些的民族

和个人，思维仍然呈现具体性的特点。有的民族，语言中抽象词汇少，具体形象的词汇多。当表达一个青年意志坚强、志向远大时，就会说这青年"像山鹰一样"，当形容一个少女美丽文静时，就说她"像雪莲一样"。这种具体性的意识表现为形象的、感性的、图画式的意识，意识的内容都是具体形象，而不是抽象的符号。柏拉图代表了当时希腊人最高的思维水平，他的抽象思维能力还难以为多数人所接受，而他的使命恰在于指导人们学会抽象思维。

在对话中，苏格拉底引导谈话者逐步地从具体事物中认识到它们的一般属性，而且，柏拉图的认识越来越明确，使用的术语越来越抽象，"一般的勇敢"——"美本身"——"一般理念"，认识逐步地从个别事物中升华出来，并且形成了确定的哲学范畴：理念。

"理念"（英语为 idea）这个词在希腊语中有两层意思，一层意思说它是一种实在，而且在柏拉图时代这种实在还没有完全脱离开直观性，当然这种直观不是眼睛的直观；另一层意思说它是一种观念，是区别于具体感性事物的，类似于人的灵魂那样的东西。把这两层意思结合起来，理念是一种观念的实在。这种实在与个别的事物不同，个别事物只是它自己，而理念却是一种普遍的东西，它是使许多个别事物所以如此的原型。例如，教室里有许多桌子，每张桌子都是个别的，但是，每张桌子之所以都是桌子，是因为它们都具有桌子的理念，这桌子的理念是使每张桌子成为桌子的原因，所以，桌子的理念是普遍性的，是共同的实在，即共相。柏拉图认为，具体的桌子是可以坏的，可以消灭，但是桌子的理念却是永恒的，是绝对不可毁坏的实在。具体的桌子之所以是桌子，是人按照桌子的理念造出来的。桌子的理念是原本，是本质，具体的桌子是摹本，是现象。两者相比，具体的可毁坏的桌子是不真实的，桌子的理念是永恒的，是真实的。这样，有两种存在，一种是眼睛可以看见的桌子，另一种是眼睛看不见但心灵可以思想到的桌子的理念。把这个想法扩展开来，在无数棵树背后，有一个树的理念；在无数匹马背后，有个马的理念；在我们感觉到的世界之外，还有一个理念的世界，而且，理念的世界是更加真实、更加光辉伟大的世界，只有那些心灵能够思想到这个理念世界的人，才可以称之为哲学家。在这个意义上，柏拉图认为，最初的哲学家们争论万物的本原是水还是火，始终在感性事物的范围内绕圈子，根本没有发现真实的存在和事物的真正原因。他们所说的本原变动不定，没有真实性。所以，这些哲学家只有意见和看法，并没有发现真理，

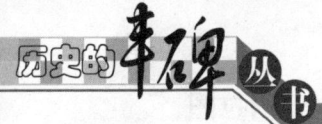

柏拉图和亚里士多德

只有发现和思考理念才是找到了真理。

　　"哲学家"这个词，是柏拉图提出来的。在西方语言中，这个词包含两部分，一部分是"智慧的人"，sopher，另一部分是"爱"，philo，两部分合起来，哲学家是爱智慧的人，philosopher。柏拉图的这个提法对后世有决定性影响，从此以后"爱智慧的人"成为一个专有名词，19世纪，日本人根据语义将其转译为汉语——哲学家。

　　发现了理念才有了智慧，才可以称为哲学家，这等于说哲学是关于理念的科学，关于理念的思想。可是理念是眼睛看不见的，这又等于说，研究眼睛看得见的事物的不是真正的哲学家，柏拉图称之为技术家，哲学家研究的是眼睛看不见的实在的。可见的事物是技术科学的对象，不可见的理念是哲学的对象，这就涉及哲学的性质问题。在我们中国，有一本著名的书叫《易传》，是儒家孔门的作品，里面有句话："形而上者谓之道，形而下者谓之器"。所谓形而上，就是超越形象，在形象之上，无形的东西；所谓形而下，就是有形象的东西。具体的感性事物，也就是器物，是有形的；抽象的道，是无形的。什么是道呢？按《周易》的解释，"一阴一阳之谓道"，也就是说事物按阴阳变化的规律就是道。这种规律作为事物运动变化的

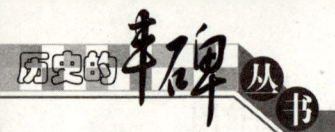

普遍法则，当然是无形的，不可见的。哲学研究的是道，器是具体科学的对象，用柏拉图的话说，哲学研究理念，科学技术研究感性事物。在柏拉图发现理念与事物的区别之前，中国的哲学家们早已发现了道与器的区别。两个民族各自独立地用不同的概念表达了相同的思维成果。哲学在柏拉图这里，已经成为一种形而上的学问。形而上的实在作为万物的本质，又是世界的本体。所谓本体，即本原、实在、本质、根本的含义。所以，柏拉图又开创了哲学本体论，本体是形上的，本体论又是形上学，形上学与本体论意义相近，只是在有的哲学家那里，要具体地分别，在大多数情况下，这两个概念是可以互相转换使用的。

柏拉图发现了理念，而且还提出了一个理念界，这表明此时欧洲人的意识摆脱了表象、图画式的感性形式，上升到了概念思维的理性形式，这是一个巨大的进步。从此，希腊哲学不再把某种具体的物质形态作为本原，而把万物的本原、本质理解为一般的实在性。德国哲学家黑格尔说，"哲学作为科学是从柏拉图开始的"。

人类认识的历程是曲折的，甚至在某种意义上可以说，认识是在片面性中运行的。柏拉图为了突出他的抽象思维成果，运用理念去说明整个世界，必然把

理念强调、夸大到某种极端的状态。

对于人来说，世界上的事物的直接存在形式是个别的，每个事物都是一个独立的个体存在；但同时，事物又不是个别的，任何一个事物又是同类事物中的一个，具有同类事物共有的普遍性、一般性。事物是一般与个别的统一体，世界上没有纯一般的存在，也没有纯个别的存在。人类面对客观事物这种普遍与特殊、一般与个别相统一的辩证关系，在认识事物时要发挥感性和理性两种能力。

人类首先是运用感性接触事物的，接触事物的个别性，在此基础上，升华为思维，思考到事物的一般性。事物中客观存在的一般性，表现到人的头脑里，形成人的概念，人的概念是客观的一般性的主观表现形式，客观存在的一般性是人的概念的真实内容。根据我们的这种认识，柏拉图的理念是什么呢?

首先，柏拉图把理念理解为观念、精神性的东西，这混淆了理念作为一般、共相，作为客观实在性，同人的主观概念的差异。客观存在的一般、共性，是事物存在的一个方面，其本身并不是精神性的，只有人在思维、表达它时，才表现为观念、概念的主观形式，就是说，只有在人的思想中，才有精神的东西。由于人掌握共相必须采用概念形式，柏拉图就把这种主观

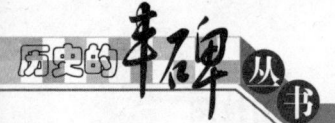

←柏拉图

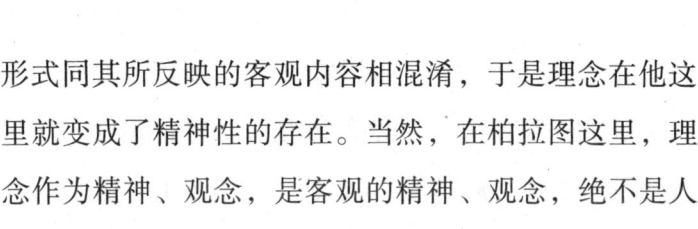

形式同其所反映的客观内容相混淆，于是理念在他这里就变成了精神性的存在。当然，在柏拉图这里，理念作为精神、观念，是客观的精神、观念，绝不是人的主观精神、观念。

其次，理念是怎么存在的呢？柏拉图认为，理念作为绝对真实的存在，是独立存在的，而且单独组成一个理念世界，这个理念世界是独立于我们的感性的事物世界之外的一个单独的世界，是一个比我们的感性事物世界更加真实的世界。我们可以理解柏拉图为了突出他的思维成果而主张理念的真实性，但他让理念脱离个别事物而单独存在，却是形成以后思想史上近2000年的本体世界与现象世界相分离的源头。按照柏拉图的观点，在无数个别的桌子之外，还有一个一般的桌子；在无数幢个别的房屋之外，还有一个一般的房屋。柏拉图没有想到，事物是一般与个别的统一体，一般作为一般，就在个别之中，一般如果脱离个别而单独存在，其本身就成了个别而不是一般。一般之所以是一般而不是个别，就在于它不能单独存在。柏拉图把作为共相的理念当成一种独立的存在，理念被实物化了，理念被当成了单个的存在物。当然，这不仅是柏拉图个人的局限，而是整个古代哲学不可克服的局限。古代人类可以思考到个别之中有一般，但

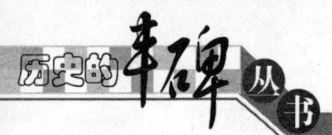

是，由于具体性思维因素在起作用，所以总是把共相想象成同个别事物一样的存在物。这种局限在人类思想史上存在了2000年，直到近代科学兴起，人们在科学实践中反复地从无数个别事实中寻找一般规律，才最终意识到，一般规律不在别处，就在个别事实之中。一般规律并不是单独存在的，天体运行的规律并不是写在天上的，而是体现在天体运行的事实之中的。而在古代，人类并没有近代的实验科学的实践。在漫长的进化过程中，人类形成了语言，并且逐步形成了各种概括性很高的词，这些语言表达人的概念和思想，这一切都是自发地形成的。哲学产生以后，人类认识到事物中和思想中的普遍性问题，但是把两者混同，不能辩证地理解一般与个别的关系。这种情况在中国哲学史上也是相同的。比柏拉图早100多年的老子，提出了中国哲学的重要概念："道"。这"道"应该是万物运行的法则、规律，它存在了万物运动当中。但在老子那里，"道"还是一种具有自身独立实在性的存在，"道"可以脱离事物的运动而存在。到了宋代，朱熹在吸收佛教思想的基础上提出了"理"这个概念，"理"是万物的根据，但理仍然是可以脱离万物而独立存在的东西。中西哲学的这种共同特点使我们对柏拉图的理念脱离事物的观点不应过于苛求。

　　第三，理念与事物是什么关系呢？柏拉图认为，理念作为事物的原本，事物作为理念的摹本，理念决定事物，一事物之所以是此事物，就在于它"分有"或"参加"这个理念。例如，这张桌子之所以成为桌子，就在于它"分有"桌子的理念，否则它不成其为桌子。事物是如何"分有"理念的呢？这个问题等于是问一般与个别是什么关系呢？这是柏拉图所无法回答的，他只是坚持这种"分有"的原则。柏拉图能够想到的是，事物分有理念，可不能像我们分有一张大饼那样，把大饼割开，一人一块，那样就破坏了理念。理念必须具有两种性质：同一性与单一性。这两种性质是相关联的。理念是不可分割的，是单一的，不能像饼那样切开分掉。如果理念不保持单一性就有荒谬的后果，比方说，这些桌子分有了桌子理念，可是桌子理念的单一性被破坏，每张桌子分有了桌子理念的一部分，那么桌子理念的一部分还是桌子吗？每张桌子都分有桌子理念的一部分，这些部分是相同的吗？看来不会相同，分有不相同的桌子理念部分的许多桌子还具有共同性吗？同样，我们大家都是人，每个人都分有人的理念，我们每个人所分有的人的理念必须是同一的，否则我们就不会是同样的人类了。柏拉图不可能说明白事物怎样分有理念，因为他不可能说明

← 柏拉图像

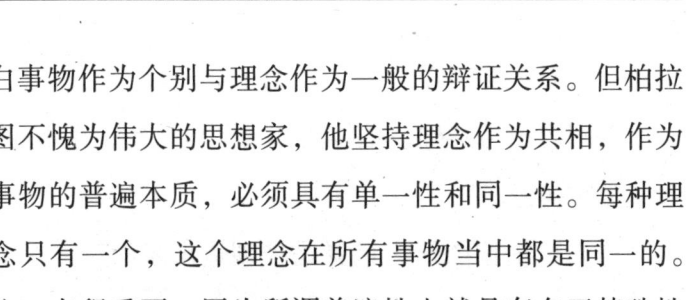

白事物作为个别与理念作为一般的辩证关系。但柏拉图不愧为伟大的思想家，他坚持理念作为共相，作为事物的普遍本质，必须具有单一性和同一性。每种理念只有一个，这个理念在所有事物当中都是同一的。这一点很重要，因为所谓普遍性也就是存在于特殊性中的同一性，而特殊性就是同一性中的差别性。

柏拉图的观点是我们理解一般与个别辩证关系的起点。

柏拉图的哲学是理想主义的，他强调理念的真实与高尚，轻视感性事物，认为感性事物是不确定、不真实的。这种哲学具有一种教化作用，可以提升人们的精神层次。后世所谓"柏拉图式的恋爱"就表现了这种理论的境界。对于柏拉图来说，爱情是神圣而高尚的，真正的爱情爱的是真正的美，爱的是美的理念。爱情不应是两个肉体的人因为利益和情欲而产生的感情联系，爱情是从人世间美的形体而升华为对美的理念的爱慕，人们把肉体的美当作一种媒介，目的是达到对美的理念的爱。只有对理念的爱才是真正的永恒的爱。这种爱情观是高尚的，是贵族式的，是古典的。对于任何一个现代人来说，如果对方把自己当作追求理念的一种媒介，是绝对不可接受的。但是，柏拉图的观点给我们一种美感，尽管这种美感过于浪漫与理

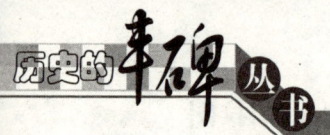

想化，但对于反对庸俗是有意义的。

以理念论为基础，柏拉图形成了他的宇宙生成论，也就是宇宙论。

首先，柏拉图认为世界是神创造出来的。这个观点的基本论据是目的论，也叫神学目的论，是苏格拉底最先提出来的。我们这个世界是完美的，每件事物都是神按照一定的目的安排好的。如果不是神有意安排的，那么世界决不会这样和谐与完美。这种论证有几个基本要素，一是我们这个世界是完美的，例如，世界上有老鼠，为了喂猫，世界上有猫，为了吃老鼠，如果两者之中只有一种，那问题就可想而知了。再如，人体是多么完美，眼睛长在最高处便于观看；手臂长短恰到好处，再长些影响行动，再短些够不到身体后面；鼻子口朝下，既便于闻味又不至于进雨水；耳朵长在两侧，又有耳廓，便于收集各个方向的声音。另一个要素是相信神是善的，神愿意给人类创造一个完美的世界；再一个要素是相信神是智慧的，神以理念为原型创造了完美的世界，神具有这种能力。这几个要素是缺一不可的，如果认为世界不完美，那么如果说世界是神创的，要么神缺乏善心，要么神没有能力。如果说神不是善的，或者说神不是智慧的，都会否定创世论。柏拉图的神的观念，由于经过苏格拉底，已

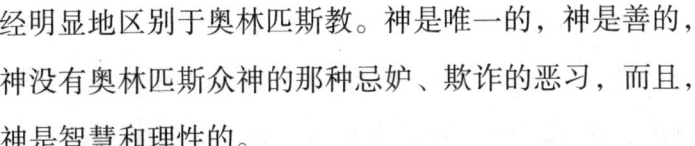

经明显地区别于奥林匹斯教。神是唯一的，神是善的，神没有奥林匹斯众神的那种忌妒、欺诈的恶习，而且，神是智慧和理性的。

其次，柏拉图的创世论主张世界只有一个。在希腊哲学中，有一种观念，认为我们所生活的世界是无数世界中的一个。原子论哲学认为，原子是无限的，空间也是无限的，因此原子可能组合成无数个世界，我们只是其中之一。柏拉图认为，对于至善的神来说，根本不会也不允许做出什么不好的事情来，神创造的世界一定是最完美的，神以那永恒不变和完美的理念为模型创造世界，这样完美的世界只能有一个。作为世界模型的理念只能有一个，如果有两个模型，必有比较，其中的一个是比较不完美的，这不可能，理念是完美的，所以理念模型只有一个；世界是理念的摹本，在独一无二方面也要摹仿理念。假若理念只有一个，而世界却有多个，怎么能说世界摹仿了理念呢？柏拉图这种观念是坚持一种神的伦理属性和世界的完美属性，这种神学观念是必要的，是伦理学的需要。如果世界有无数个，我们是其中之一，那我们的世界就未必是完美的，神也未必是完美的，这就很难得出伦理上的完美要求。柏拉图这种神只创造唯一的完美世界的观点对后来的基督教神学影响很大。

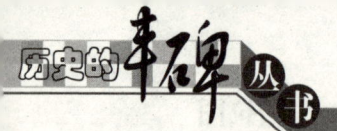

　　再次，在柏拉图的创世论中，有三种原始的东西，一是神，二是作为模型的理念，三是以理念为模型的物质。物质是原始的无规则的，处于运动中，是一种混沌不分的存在。神用理念作为模型来规范物质，使物质成为有秩序的，于是世界就创造出来了。在这种理论中，神与其说是造物主，不如说是工程师，神创世有两个前提，一是模型，二是材料，二者缺一不可，否则巧妇难为无米之炊。这种创世论虽然从总体上说是唯心主义的，但是却包含二元论的因素，就是说柏拉图以及整个希腊哲学没有达到唯心主义一元论。希腊哲学中的神，没有人格性，是一种哲学理论观念，区别于基督教那种人格的上帝，而且，神作为客观实在性，不能无中生有，不是全能的。这些都是基督教神学后来要论证的，当然作为中世纪的理论，基督教神学也不可能在逻辑上做到唯心主义一元论，它是靠宗教神秘主义、靠一种说法和信仰来坚持上帝全能和无中生有的观点的。

　　我们重视的是柏拉图的创世论中的哲学问题，以上我们做了讨论，至于其中具体的创世过程，包括宇宙演化论，除了表达他关于物质、空间、运动等观念之外，许多自然哲学的猜测都是没有多少科学价值的。柏拉图用下面一段话来结束他的宇宙生成论："现在我们

宣称，我们关于宇宙的阐述，已告完成。因为我们的世界现在完备地获得可朽的和不朽的有生命的生物的补充物；宇宙系统是一个可见的有生命的生物，它包括一切生物，包括可见的和本身是理智的影像的生物；这样，宇宙就变一个可见的神，在伟大和卓越、在美和完善方面是至高无上的，被创造的天是独一无二的。"（柏拉图：《蒂迈欧》，斯蒂芬标准本92页）从这段话可以看出，柏拉图的自然哲学和神学观念是很复杂的，我们没有必要那么详尽地讨论这些问题。

　　柏拉图在欧洲第一个实现了从我们所生活的感性世界中升华出一个理念世界的哲学创造，他开创了西方哲学的形上学或本体论，他坚信人类理性的无限能力，人类理性可以最终把整个世界包括理念界都阐述清楚，我们可以建立关于宇宙的确定不移的真理体系。从此以后，西方哲学的主要问题就是怎样理解和阐述柏拉图的理念世界以及同事物世界的关系，换句话说，西方哲学从此以后的主要内容就是形上学，而且，无论采取什么观点，理性主义是其基本原则。

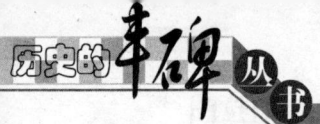

相关链接
XIANGGUAN LIANJIE

柏拉图的教育观

　　柏拉图是西方教育史上第一个提出完整的学前教育思想并建立了完整的教育体系的人。柏拉图中年开始从事教育研究活动。他从理念先于物质而存在的哲学思想出发，在其教育体系中强调理性的锻炼。他要求3～6岁的儿童都要受到保姆的监护，聚集在村庄的神庙里，做游戏、听讲故事和童话。柏拉图认为这些都具有很大的教育意义。7岁以后，儿童就要开始学习军人所需的各种知识和技能，包括读、写、算、骑马、投枪、射箭等等。从20～30岁，那些对抽象思维表现特殊兴趣的学生就要继续深造，学习算术、几何、天文学与和声学等学科，以锻炼其思考能力，使其开始探索宇宙的奥妙。柏拉图指出了每门学科对于发展抽象思维的意义。他主张未来的统治者在30岁以后，要进一步学习辩证法，以洞察理念世界。经过5年后，他就可以成为统治国家的哲学之王了。

柏拉图像

在柏拉图的奴隶主教育学体系中，体育占有重要地位。柏拉图对妇女体育也很重视，他认为："女孩应该练习各种跳舞和角力；结婚以后，便要参加战斗演习、行营布阵和使用武器……因为一旦当所有的军队出动去打敌人的时候，她们就能保卫儿童和城市。"（《柏拉图论教育》）在柏拉图的论述中，几乎涉及当时体育的各个方面。他认为，体育应包括教育手段和健康术。他对当时雅典出现的竞技主义和竞技职业化倾向曾给予猛烈的抨击，同时也批评市民轻视体育的思想和态度。他主张身心和谐发展，强调"用体育锻炼身体，用音乐陶冶心灵"。柏拉图丰富的体育思想对后世体育的发展有深远的影响。

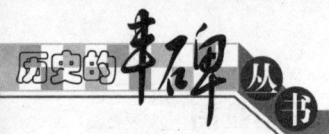

想的人生与理想的国家

> 道之以政，齐之以刑，民免而无耻。道之以
> 德，齐之以礼，有耻且格。
>
> ——孔子

柏拉图思想的主要内容是理念论，但是，理念论
虽然重要，却不是柏拉图思想体系的目的与核心。理
念论只是理论基础，只是理想模式，而解决希腊社会
面临的危机，提供理想的人生模式，指导全社会和全
人类过上幸福与善的生活，才是柏拉图思想的核心，
是他孜孜以求的目标。用他自己的话说，就是"为社
会和个人找到正义"。他提出并建立了一整套在欧洲思
想史上发生重大而深远影响的政治伦理思想。

柏拉图生于末世，即雅典城邦奴隶制的危机时代。
这一点很有意义，中国的孔子、印度的释迦牟尼也生
于末世；一种强烈的忧患意识与责任感支配着他们的
心灵，使他们殚精竭虑地思寻济世良方。柏拉图青年
时代目睹了雅典社会的动乱和政体的频繁更替，经历
了恩师苏格拉底被害的荒谬与痛苦，他坚信只有对雅

典社会进行彻底的改造，否则不可能实现正义，人们不可能幸福。他说："一切现存的国家都治理得不好，它们的政制，没有剧烈的处置和很大的运气是不能改革的。实际上，我被迫相信，为社会和个人找到正义的唯一希望是在真正的哲学中，否则人类的烦恼不能得到缓解。"柏拉图认为，正义的国家必须是按照理想的模式建立起来的，而这理想的模式只有哲学家或者真正懂得哲学的政治家才能认识到。因此，研究哲学，认识理念的真理，是拯救社会的唯一途径。由此可知，理念论是柏拉图政治伦理思想的理论基础，而政治伦理思想则是理念论的目的和实际运用。

柏拉图没有区别开国家与社会，在他的理论中二者是一个东西。同时，他认为国家和个人在根本上是一致的，国家不过是组织起来的放大了的个人，国家与个人实现正义的基本原理是相同的。因此，为了深入地理解他关于国家的思想，我们先来讨论他关于人的本性的观点。

对人的本性的观点，实际上也就是关于人的灵魂的观点，因为人的本性不在于肉体，而在于灵魂。远古时代，希腊人就相信人有灵魂。在《荷马史诗》中，就有对人的灵魂的描写。希腊哲学家们对人的灵魂有不同的观点，有两种关于灵魂的学说。一种是苏格拉

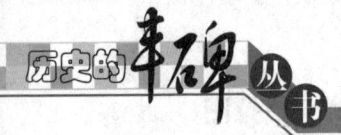

底以前的自然哲学家们的唯物主义的观点，由于他们
的理论是最初的哲学，所以非常朴素简单。他们认为，
灵魂是一种精细的物质存在，阿那克西末尼认为灵魂
是气，赫拉克利特认为灵魂是火，原子论者认为灵魂
是精细的原子组成的。这种观点把灵魂当成一种物理
的存在而不是精神的存在，精细的物质相互组合，则
灵魂存在，肉体一旦死亡，物质一分解，则灵魂就消
散了。这种朴素的唯物主义观点并不承认有永恒的不

←古希腊瓶画

死的灵魂，同时，这种灵魂观与多神教的神祇观点是一致的，神也是物质的，是巨人或超人，而不是精神实在。我们说过，苏格拉底使希腊思想发生改变，他心中的神成了精神实体，同样，他的灵魂观念也转变成为精神实体。从苏格拉底开始，随着认识的发展，一般与个别开始分离，精神与物质开始区别，神与灵魂也转化为精神的存在。苏格拉底和柏拉图是希腊灵魂观的另一派的代表，即唯心主义灵魂观的代表。柏拉图认为，人的灵魂在本质上与理念是相同的，属于同一个世界，本来，灵魂是认识理念的，具有理念的知识；但是，灵魂与肉体结合以后，被肉体玷污了，失去了纯洁，只有哲学的力量，才能使灵魂得到净化。人们在事物世界看到某件事物，经过教育，逐渐使他的灵魂回忆起关于这件事物的理念，恢复原有的理念知识，所以，学习不过是回忆，是排除肉体干扰的过程。柏拉图的基本倾向是，理念、灵魂是纯洁的、高尚的，物质、肉体是污秽、卑下的，人也好，国家也好，都必须发扬理性灵魂，抑制肉体欲望，这就可以实现善与正义，这是柏拉图政治伦理思想的基本点。

　　两种灵魂观，也就是对于人性的两种理解，必然导致两种不同的社会政治伦理观点。唯物主义认为灵

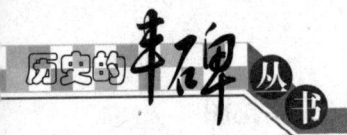

魂是物质的，随肉体死亡而死亡，没有肉体，就没有灵魂，所以，追求善与正义，就必须考虑满足肉体的需要与幸福，这是人性的要求。唯物主义是讲利益的。唯心主义灵魂观认为灵魂是独立的永恒不朽的精神实体，灵魂进入肉体是暂时的，肉体死亡后，不朽的灵魂开始另一种生活。人性实质上是灵魂，肉体是无足轻重的，所以追求善与正义，主要是按灵魂的理性要求来行动，肉体的需要与物质利益是微不足道的。唯心主义鄙视利益，强调原则与动机。

两大派别，两种倾向，自古以来争论不休，这种争论是不可能结束的，两派只能在不同的历史条件下转变形式，提出新理论战胜对方，但是，绝不可能一派取得决定性的胜利。因为人本身就是一种矛盾，人既有肉体，又有灵魂，"一半是天使，一半是野兽"，这是人类永恒的奥秘。近代社会以来，唯物主义的利益论是全球的趋势，而且这种趋势是战胜了从柏拉图开始的长达千年的禁欲主义以后潮水般地漫延开来的。而在古代社会危机发生的时候，在柏拉图时代，人类社会正面临走向信仰主义和禁欲主义，柏拉图正是其奠基人。

柏拉图继承了毕达戈拉斯把人的灵魂分成三部分的观点。在毕达戈拉斯那里，人的灵魂包括理性、感

→古希腊瓶画

觉和生气三部分。柏拉图做了修改，认为人的灵魂包括理性、激情和欲望三部分。但是，精神的东西本无形体，怎么能分成部分呢？再者，灵魂中有的部分不高尚，整个灵魂是否高尚呢？这些问题柏拉图没有详细地讨论，他只是看到人有各种不同的行为，这些行为都受灵魂支配，于是把灵魂的不同机能看作是不同部分决定的。在灵魂的三部分中，最高贵的是"理性"部分，是不朽的部分，是人和神共有的，其他两部分都是可灭的。灵魂中"激情"的部分如果受到理性的指导，就可能成为理性的助手，产生出高尚合理的情绪；相反，如果失去理性的控制，与欲望合污，就会无法无天，成为难以驾驭的罪恶冲动。灵魂中最低级的部分是欲望，它表现为各种感性的需要，是灵魂中最应该加以抑制的部分。

关于死后灵魂问题，柏拉图依据希腊传统观念，构造了一个神话。人的肉体死亡后，灵魂要接受神的审判，善良的升入天界，罪恶的沉入地狱。经过地狱的惩罚，除少数极其罪恶者留在地狱外，灵魂在重新投生前要自己做一次新的选择，可以选择不同人的生活，也可以选择动物的生活。每个灵魂都要为自己的选择负责，因为，这决定自己来生的命运。

相应于灵魂的各个部分，人可以具有各种不同的美德。灵魂的理性部分可以使人具有智慧的美德，这是最高的美德，也是最高的善。这种智慧的美德只有极少数人才能具有。只有真正的哲学家或懂哲学的政治家，才具有智慧的美德。许多人一生浑浑噩噩，唤不醒理性灵魂，回忆不起理念的知识，没有这种美德。灵魂的激情部分可以使人具有勇敢的美德。无论快乐还是痛苦，都坚定地执行理性的命令，按理念的原则行事，使肉体服从灵魂，这就是勇敢。灵魂的欲望部分可以使人具有节制的美德。节制就是抑制灵魂中的欲望，防止让其本能地发挥作用，让欲望的部分在合理的范围内活动。一个人的灵魂如果在理性的统辖之下，各部分都各做本分之事，都实现各自应有的美德，灵魂就达到了一种秩序井然的和谐状态，这个人就实

现了正义与善。

　　柏拉图把关于灵魂与善的观点推广应用于国家。智慧、勇敢、节制与正义，不仅是个人的美德，也是整个国家的美德。柏拉图从伦理的角度来塑造他心目中的理想国家，理想国家应该是充满美德的国家，是和谐与善的国家。这类似于中国古代儒家以德化治国的主张。柏拉图设想，理想的国家由三个等级构成，相当于人的灵魂有三部分，他以神话的形式来描述这三个等级。第一等级是统治者，这种人数量很少，是经过精心培养和教育以后，严格地选拔出来的。这个等级是神用金子做的，拥有高尚的理性灵魂，具有智慧的美德。他们从小学习了哲学，既是精明的政治家，又是智慧的哲学家。他们是真正的护国者，可以按照理想的模型合理地统治国家，使人民安宁幸福。他们具有了智慧的美德，国家也就有了这种美德。第二等级是武士或辅助者，这种人数量比统治者等级多，也经过了严格的教育和训练。他们是神用银子做成的，具有灵魂中激情的部分。由于他们从小受到严格而全面的教育，所以，他们的激情可以接受理性的指导，成为统治者的辅助者。他们所具有的美德是勇敢，这使整个国家也具有了勇敢的美德。第三等级是生产者，包括农夫、牧人和各种工匠、商人。这些人的数量最

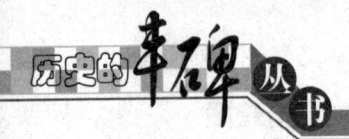

多，执行着国家的经济职能。尽管柏拉图认识到劳动生产者是国家生存的条件，在谈到国家的起源时，认为劳动分工和物质需要是人们组成国家的原因。但是，他不可能把经济活动和劳动生产看成是国家的基础，而是把劳动生产者看作最低下的人，他们是神用铜铁做成的，具有欲望的灵魂。他们应具有的美德是节制，即抑制自己的欲望冲动。他们只从事劳动和经商，只接触感性事物，他们认识不到理念，没有真理，只有意见。

柏拉图把国家看作一个整体，同人的三部分灵魂相对应，国家由这三个等级组成，人的灵魂的三部分由这三个等级所体现。当三个等级在国家中各安其位，各守其份，各司其职，相互之间不干扰，不僭越，不相互冲击的时候，也就是各自实现了自己应有的美德的时候，整个国家便有了一个统一的美德：正义。正义就是各等级的和谐与安宁。如果有人妄想提高自己的等级，或有人自甘堕落，要降低自己的等级，就会给国家带来祸害，就是不正义，结果会毁灭国家。

柏拉图的理想国家，由一个等级掌权并且世袭，这是典型的贵族制度。这是柏拉图对他所接触到的各种政治制度，如埃及、斯巴达、雅典、叙拉古等，做了广泛的研究之后而设想出来的。当时地中海世界存

在着的种姓制度和贵族政治是理想国的现实原型。

为了实现和维持理想的国家，柏拉图提出了一整套经济、教育和婚姻制度，他设想通过这些制度来推行他的政治理想。

财产所有制。柏拉图充分意识到财产的至关重要性，他认为私有财产是使人丧失理性而堕落的根源。他主张，第一等级和第二等级的成员，不允许拥有个人私产。他们的生活用品是由第三等级供给的，他们要像军营里的士兵一样，过公共生活，绝对不能占有金银。只有这样，才能使这两个等级保持灵魂的纯洁。这里应当指出，柏拉图并不是主张废除私有制。第三等级可以拥有财产，只是第三等级提供的生活用品由统治者和武士等级集体公有，这是统治阶级的国家占有制。

教育制度。柏拉图所说的教育，就是培养和造就统治者的手段。理想国家采用优生的办法，让优秀者生育，尤其要保证统治者"品种纯洁"，一代比一代好。孩子生下来以后，由国家统一抚养，统一教育。从小要对他们进行完全正面的教育，音乐（柏拉图所谓音乐，包括音乐、诗歌、戏剧、故事等，是内容广泛的艺术教育。）教育使他们文雅，体操教育使他们勇敢。要严格地控制音乐课程的内容，像荷马那样把神

描绘成具有各种恶行的作品要坚决排除，要选择敬神和善的作品。在20岁时，进行一次挑选，对其中具有理论综合能力的人继续进行高等教育，科目有：算术、几何、天文学。这些是学习哲学的预备科目，大约学习10年。在30岁时，再进行一次挑选，选出其中最有才华和天赋的青年，对他们施以5年最高的哲学教育，使他们掌握理念的真理。然后，再让他们到实际工作岗位上去锻炼15年，使他们既有理论，又有实际经验。到50岁时，他们就可以充当城邦的统治者了。他们轮班治理国家，值班时不辞劳苦处理政务，其余时间则用来研究哲学。对统治者的严格的正面教育要贯穿他们的一生。

婚姻制度。柏拉图对妇女的看法，超出了希腊妇女在社会中实际所处的地位。他认为男女本性相同，妇女只是体质较弱。妇女应该同男子一样，从小受到同样的教育。妇女中的优秀者，可以做和男子一样的工作。在统治等级的成年男女之间，不建立固定的婚姻关系，彼此之间的性生活，按照优生的原则，选择适于生育的时期，由国家安排进行。"这些女人应该归这些男人共有，任何人都不得与任何人组成一夫一妻的小家庭。同样地，儿童也都公有，父母不知道谁是自己的子女，子女也不知道谁是自己的父母。"这就是柏拉图著名的公妻制设想，他自己也很清楚，提出这种设想要冒极大的风险。

理想国的理想蓝图，是柏拉图为陷入危机的城邦奴隶制开出的政治药方。柏拉图为了实现他的政治主张，在他60岁的时候，又去了一次叙拉古。这时，叙拉古的政治形势有了变化，当年把柏拉图卖为奴隶的老僭主已经去世，由他的儿子小狄奥尼索斯执政。柏拉图的学生狄翁这时成了国王的舅舅，他写信给柏拉

雅典卫城

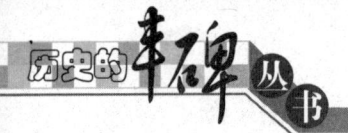

图，约他再来宣传政治主张。柏拉图在学园中过着稳
定的学术生活，但他决定去叙拉古，没想到他又一次
陷入危险。叙拉古的政治斗争极其复杂，狄翁被指控
从事叛国活动而遭驱逐，他去了雅典的柏拉图学园，
一边学习一边从事推翻小狄奥尼索斯的政治、军事活
动。青年僭主怀疑狄翁的活动受柏拉图指使，于是柏
拉图被投进了监狱。在当地发生战争和朋友的斡旋之
下，青年僭主允许柏拉图暂回雅典，但要

保证战争结束后重返叙拉古。公元前361年，柏拉图66岁，他遵守诺言第三次去叙拉古。为了调处狄奥尼索斯二世和狄翁他们甥舅之间的矛盾，柏拉图冒险而往，但没有什么结果，狄奥尼索斯二世也不许柏拉图回雅典。后来，又是在朋友的斡旋下，柏拉图才于公元前360年回到雅典。从柏拉图的著作中，我们看到他对僭主政治深恶痛绝，但他又总是心存幻想，希望借助叙拉古的僭主政治来建立他的理想国家。

实践已经证明，柏拉图的主张，从总体上说，是不可能实现的。柏拉图本人在晚年也意识到了这一点，他又提出了一种"第二好的国家"的设想，对理想国的许多观点做了修改。柏拉图的政治伦理思想在他生前的现实作用可能是微小的，但是其历史作用却是巨大的。这是欧洲思想史上第一个系统的社会与人的学说体系。柏拉图的学说还是综合性的，在柏拉图的基础上，亚里士多德做了分别的研究与发展，创立了政治学、伦理学等部门学科。柏拉图的理想国设想，是欧洲最早的乌托邦思想，开创了欧洲思想史上极其盛行的社会空想之风的先河。

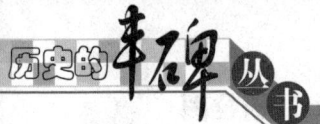

《荷马史诗》

相传由古希腊盲诗人荷马所作，在民间传说和歌谣的基础上重又进行加工而成，由两部长篇史诗《伊利亚特》和《奥德赛》组成。两部史诗都分成24卷，这两部史诗最初可能只是基于古代传说的口头文学，靠着乐师的背诵流传。它作为史料，不仅反映了公元前11世纪到公元前9世纪

盲诗人荷马在唱诗

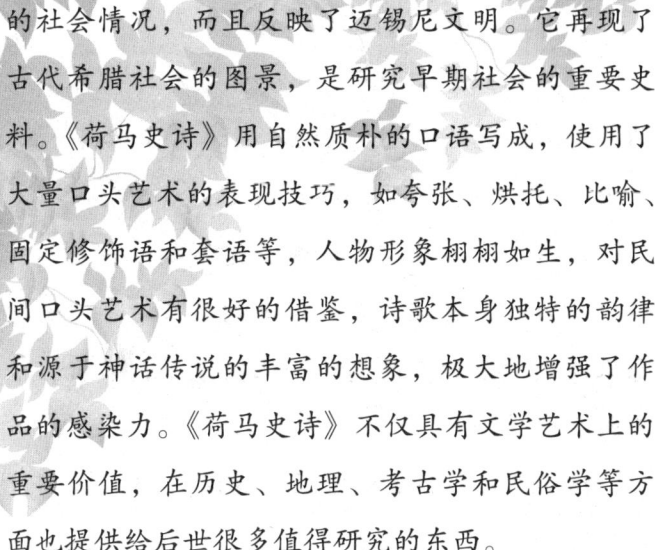

的社会情况，而且反映了迈锡尼文明。它再现了古代希腊社会的图景，是研究早期社会的重要史料。《荷马史诗》用自然质朴的口语写成，使用了大量口头艺术的表现技巧，如夸张、烘托、比喻、固定修饰语和套语等，人物形象栩栩如生，对民间口头艺术有很好的借鉴，诗歌本身独特的韵律和源于神话传说的丰富的想象，极大地增强了作品的感染力。《荷马史诗》不仅具有文学艺术上的重要价值，在历史、地理、考古学和民俗学等方面也提供给后世很多值得研究的东西。

柏拉图轶事

有一天，柏拉图问他的老师苏格拉底："什么是爱情？"

苏格拉底微笑着说："你去麦田里摘一株最大最好的麦穗回来，在这过程当中，只允许摘一次，并且只能往前走，不能回头。"柏拉图按照苏格拉底的话去做，很久才回来。

苏格拉底问他摘到没有？

柏拉图摇摇头说："开始我觉得很容易，充满信心地出去，但是最后空手而归！"

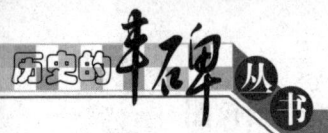

苏格拉底继续问:"什么原因呢?"

柏拉图叹了口气说:"很难得看见一株不错的,却不知道是不是最好的,因为只可以摘一株,无奈只好放弃;于是,再往前走,看看有没有更好的,可是我越往前走,越发觉不如以前见到的好,所以我没有摘;当已经走到尽头时,才发觉原来最大的最饱满的麦穗早已错过了,只好空手而归了!"

这时,苏格拉底意味深长地说:"这就是'爱情'。"

柏拉图式恋爱

柏拉图式恋爱,也称为柏拉图式爱情,以西方哲学家柏拉图命名的一种异性间的精神恋爱,追求心灵沟通,排斥肉欲。最早由Marsilio Ficino于15世纪提出,作为苏格拉底式爱情的同义词,用来指代苏格拉底和他学生之间的爱慕关系。

柏拉图认为:当心灵摒绝肉体而向往着真理的时候,这时的思想才是最好的;而当灵魂被肉体的罪恶所感染时,人们追求真理的愿望就不会得到满足。当人类没有对肉欲的强烈需求时,心

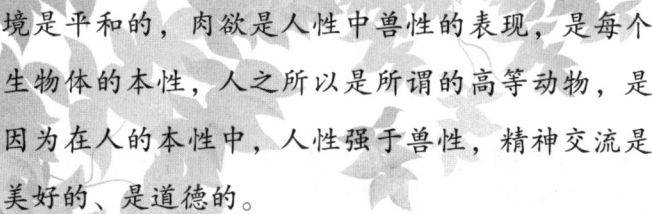

境是平和的，肉欲是人性中兽性的表现，是每个生物体的本性，人之所以是所谓的高等动物，是因为在人的本性中，人性强于兽性，精神交流是美好的、是道德的。

柏拉图式的爱情有如下意义：1.理想式的爱情观（比喻极为浪漫或根本无法实现的爱情观）；2.纯精神的而非肉体的爱情；3.男女平等的爱情观；4.在这个世界上，有且仅有一个人，对你而言，她（他）是完美的，而且仅对你而言是完美的。也就是说，任何一个人，都有其完美的对象，而且只有一个。

柏拉图认为人们生前和死后都在最真实的观念世界中，在那里，每个人都是男女合体的完整的人，到了这世界我们都分裂为二。所以人们总觉得若有所失，企图找回自己的"另一半"（这个词也来自柏拉图的理论）。柏拉图也用此解释为什么人们会有"恋情"。

在他的理论中，没有哪一半是比较重要的，所以，男女是平等的。而且，在观念世界你的原本的另一半就是你最完美的对象。他（她）就在世界的某个角落，也正在寻找着你。

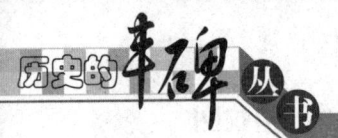

晚年的反思与求索

> 吾十有五而志于学，三十而立，四十而不
> 惑，五十而知天命，六十而耳顺，七十而从心所
> 欲，不逾矩。
>
> ——孔子

西方现代著名哲学家罗素评价柏拉图是历史上一位哲学家进行自我批判的范例，罗素所说的柏拉图的自我批判，指的是柏氏晚年对理念论的修正与反思。柏拉图是个一生探索真理的思想家，他从不间断自己的哲学思考，顽强地发展自己的思想。在《巴门尼德》这篇晚期对话中，苏格拉底改变了教育别人的身份，成为一个受老哲学家巴门尼德教育和启发的青年，这种对话人物身份的改变，标志着柏拉图对先前写的以苏格拉底为主要谈话者的对话感到不满意，他通过苏格拉底受教育的形式来修改以前的理论。

首先，柏拉图修改了早、中期对话中的目的论因素，克服了其中的非逻辑倾向。柏拉图是在苏格拉底的基础上展开自己的思想的，苏格拉底有一种倾向，

→伯特兰·罗素

他只讨论伦理问题，追求各种美德的一般定义。柏拉图继承了这一点。柏拉图发现理念以后，认为理念是高尚的，是一种理想的存在，这就把理念与事物这种一般与个别的关系复杂化了。理念与事物，一

般与个别，是一种逻辑关系，没有好坏优劣的价值问题。他早年曾认为，理念是完美的、理想的，只有好的事物有理念，坏的事物没有理念，因为没有坏的理念。这等于说，只有好的事物有一般与个别的关系，坏的事物之中没有一般与个别的关系，我们只能给好的事物下定义，不能给坏的事物下定义。这是不对的，这样做把非逻辑的价值判断的因素掺杂到逻辑判断中来，我们把这种非逻辑倾向叫作目的论因素，因为目的论认为上帝创造的每件事物都是有价值、有目的的，目的论就是价值论或善恶论的意思。晚年的柏拉图明确地说，必须承认一切事物都有理念，即使是头发、污泥、秽物等最不足道、最无价值的东西也是有理念

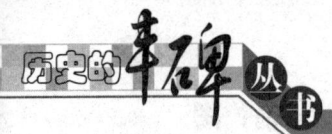

的。这样，一般与个别成为整个世界无所不在的客观
规定，理念的发现获得了其应有的思想理论意义。

其次，柏拉图提出了理念的辩证法问题。在中期
理念论中，理念是永恒的绝对不变的存在，理念与理
念之间也相互孤立，没有联系。其实，这是人类认识
发展的一个必经阶段，认识总是从一个一个的片面最
后发展为全面的，总是从一个一个的孤立、静止的事
实最后发展为联系和运动的。柏拉图这一时期刚刚在
论证理念的实在性，强调理念绝对史实，这时，认为
理念是孤立和静止是可以理解的。到了晚年，柏拉图
意识到一个矛盾。事物的世界是运动、变化、联系的，
理念的世界却是静止、不变、孤立的，事物的世界是
活的，理念的世界是死的。如果说事物的世界是理念
为原本，那么一个死的世界怎么能成为一个活的世界
的原本呢？原本和摹本怎么能统一呢？尽管柏拉图主
张理念世界真实不变，但要解决这一矛盾，只有修改
理念界。因为，我们不可能让事物世界静止下来，只
能让理念世界运动起来。理念的运动、联系，从一个
理念推论、过渡到另一个理念；理念之间相互包含，
对一个理念含义的阐发，自然地引申到另一个理念。
理念之间这种相互转化的关系，我们称之为辩证法。
在哲学中，辩证法就是人的概念之间的相互联系、过

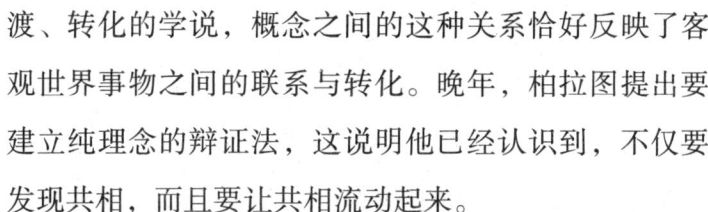

渡、转化的学说，概念之间的这种关系恰好反映了客观世界事物之间的联系与转化。晚年，柏拉图提出要建立纯理念的辩证法，这说明他已经认识到，不仅要发现共相，而且要让共相流动起来。

再次，柏拉图创立了基本哲学范畴。在早、中期理念论中，由于刚刚从具体事物中发现共相，所以论述的都是抽象程度不高的理念，例如，美德、桌子等等。要使理念联系起来，流动起来，这些从经验事物中概括出来的理念是做不到的。概念的辩证法实质上是人类思维范畴的学问，也就是说，必须使用最普遍的哲学范畴才能建立辩证法。柏拉图认识到这一点，他提出了"最普遍的种"，也就是概括程度最高的、最普遍的理念。他没有使用"范畴"这个术语，但这不影响他是哲学史上第一个范畴论的创立者。最普遍的种也就是哲学范畴，也就是人类思维的规定，当然，古代哲学只能把范畴当成存在的规定，只有到了德国哲学，哲学范畴作为存在的规定同时也才成为思维的规定。柏拉图把最普遍的种作为客观存在，不影响他建立范畴辩证法，只是对辩证法的性质做古代的理解就是。柏拉图研究了运动、静止、同、异、存在、非存在、时间、空间等一批范畴，他是欧洲哲学基本范畴的奠基人。

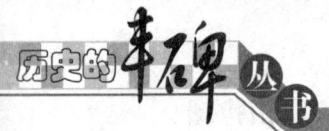

　　柏拉图的理念论是欧洲哲学史上第一个共相论，这是哲学的一次重大进步。柏拉图的理论成为后来黑格尔哲学的重要来源。一位学者说，黑格尔的逻辑是后无来者的，如果说前有古人，这古人就是柏拉图。

←黑格尔

伯特兰·罗素（1872—1970）

20世纪英国哲学家、数学家、逻辑学家、历史学家，无神论或者不可知论者，也是上世纪西方最著名、影响最大的学者和和平主义社会活动家之一。罗素一生兼有学者和社会活动家的双重身份，以追求真理和正义为终生职责。他的主要贡献首先是在数理逻辑方面，他由数理逻辑出发，建立起来的逻辑原子论和新实在论，使他成为现代分析哲学的创始人之一。在对真理的求索中，罗素从无门户之见，善于向各方面学习，善于自我省察，不断修改自己的观点。

罗素被认为是与弗雷格、维特根斯坦和怀特海一同创建了分析哲学。他与怀特海合著的《数学原理》对逻辑学、数学、集合论、语言学和分析哲学有着巨大影响。1950年，罗素获得诺贝尔文学奖，以表彰其"多样且重要的作品，持续不断地追求人道主义理想和思想自由"。

悠远的回响

> 说基督教里有柏拉图的成分比说柏拉图那里有基督教的成分要正确得多，更何况古代的教父如奥利金和伊里奈乌斯，在历史上部分地是以柏拉图哲学为依据的。
>
> ——马克思

柏拉图对欧洲文化的影响，人们怎么评价都不会过高。如果我们对这一点认识不足，我们不妨在思想中做一个实验，我们尝试着把柏拉图从欧洲文化中抽掉，我们会发现，亚里士多德没有了，奥古斯丁没有了，基督教没有了，文艺复兴没有了，欧洲文化成了空白。所以，柏拉图是抽不掉的，他就活在欧洲文化之中，活在西方人的血液中。

我们不可能详尽地讨论柏拉图的多方面影响，只好谈一下他的理念论在基督教建立中的作用。

基督教是自下而上自发产生的，由于它的《圣经》是许多人根据自己的理解和传统而写作的，所以，当汇集起来时就不可避免地产生许多混乱与矛盾。基督教在公元2世纪初步形成时，面临的最大问题就是建立一个统一的神学体系，如果这个课题完不成，不要说基督教无法抵抗罗马帝国的压力和数百个异教的进攻，就是基督教内部的派别之争，也会把它从内部摧毁。所以，建立统一的神学体系，统一教内信条，是护教家们或教父们的当务之急。

犹太教的《旧约圣经》充斥着多神教的信仰和自然崇拜的遗迹，早期基督教在混乱中也面临着陷入多

→描写古希腊人激烈辩论的油画

神教的危险。下层群众由于文化教养和思维水平所限，意识不到这些混乱。但是，社会上层和知识分子，特别是受到希腊哲学影响的有识之士，对这些混乱极为敏感，并且不能容忍。所以必须克服混乱，把人们的思想统一到较高的信仰上来，但犹太教、奥林匹斯教、罗马教等都不能提供这种高级信仰。在古代地中海世界，希腊哲学代表着人类意识的最高水平，要把基督教建设成为超越其他宗教的高级宗教，吸收希腊哲学

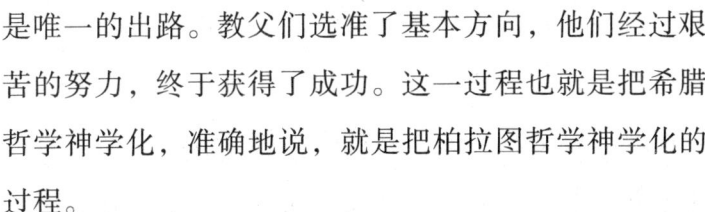

是唯一的出路。教父们选准了基本方向，他们经过艰苦的努力，终于获得了成功。这一过程也就是把希腊哲学神学化，准确地说，就是把柏拉图哲学神学化的过程。

在基督教的信仰中，最核心的莫过于"圣三位一体说"，正是在这样的核心观念上，柏拉图的共相论发挥了作用。在《同观福音》中，耶稣被说成是上帝的儿子，由童女玛利亚因圣灵感孕而生，后为人类受难而死。在《约翰福音》中，说耶稣基督是上帝的"道成肉身"。这样，就出现了"圣父""圣子""圣灵"三个神，使早期基督教面临陷入多神教的危险。这就是所谓的"神的统一性"问题。

解决神的统一性问题大致有三种可能。第一种可能是承认父、子、灵三个神，这种主张会导致多神论。后来，教会把它蔑称为"三神论"，谴责为异端。另一种可能是只承认圣父是神，否认道成肉身，否认耶稣是神，也否认圣灵。这种主张虽可坚持一神论，但是，将危害教会的权威性，而且弊病甚多。如果耶稣不是神，则耶稣所创立的教会的神圣性将受到损伤，这是教会不能接受的。如果圣灵不是神，不仅将损害教徒们传统的宗教感情和宗教体验，而且圣母玛利亚因圣灵感孕的一套说法都将不能成立，甚至会导致上帝通奸这样的邪恶问题。因而只承认圣父是神的做法也被判为异端。第三种可能是既承认三者都是神，又坚持一神教。教父们经过反复辩论，最后借助柏拉图的共相论创立了"三位一体说"，并在325年尼西亚宗教会议上确定为正统教义。

"三位一体论"主张，父、子、灵三者各自有其独立性与真实性，任何一位的完满性和实在性都不能受到怀疑。但它们三位又只是一个神。因为神的本体作为共相完全地表现在三位当中，所以每一位都具有同等完满的神性，都完完全全地是神。同时，三位是同一个本体，又只是一个神。这种说法不仅廓清了混乱，保持了一神教的纯洁性，又由于带有某些思辨性质，反而增加了上帝的奥妙与神秘。这是教父们成功地运用柏拉图哲学的杰作。而且，柏拉图的理论，包括他的伦理思想，在基督教的神学体系中全面地发挥作用，基督教圣徒、教父代表奥古斯丁是以柏拉图为宗师的。

柏拉图对欧洲文化的影响是全面的、久远的、深刻的，直到今天，我们仍然不时地感受到他的存在。在古代，他是宙斯；在中世纪，他是上帝；在近代，他是理性与科学；在今天，他是启迪人生的智慧的导师。

柏拉图名言

　　我认为一种适当的教育，只要保持下去，便会使一国中的人性得到改造，而具有健全性格的人受到这种教育又变成更好的人。

　　教育是约束和指导青少年，培养他们正当的理智。

　　我所谓教育就是指对儿童适当的习惯所给予善端的培养；当把快乐、友谊、痛苦和憎恨都适当地植根于儿童心灵中的时候，他们对这些性质固然还不能明白；但一旦获得了理性，就会发现这些都是和谐的。这心灵的和谐达到完善的境地时，即是道德；而那种依于快乐和痛苦的特殊训练，就是在引导着你去恨你所应恨的，爱你所爱的，从始至终，是可以分开来的；我看这可以正确地称为教育。

　　应当学会把心灵的美看得比形体的美更可珍贵，如果遇见一个美的心灵，纵然他在形体上不甚美观，也应该对他起爱慕，凭他来孕育最适宜于使青年人得益的道理。

　　如果一个人的激情，无论在快乐还是苦恼中，都保持不忘理智所教给的关于什么应当恐惧，什么不应当惧怕的信条，那么我们就因他的激情部分而称每个这样的人为勇敢的人。

　　子女教育是社会的基础。

　　不知道自己的无知，乃是双倍的无知。

　　好人之所以好是因为他是有智慧的，坏人之所以坏是因为人是愚蠢的。

　　智者说话，是因为他们有话要说；愚者说话，则是因为他们想说。

　　语言的美、乐调的美以及节奏的美，都表现

好性情。所谓"好性情"并不是人们通常用来恭维愚笨的人的那个意思，而是心灵真正尽善尽美。

从人世间个别的美的事物开始，逐渐提升到最高境界的美，好像升梯，逐步上进，从一个美形体到两个美形体，从两个美形体到全体的美形体；从美的形体到美的行为制度，从美的行为制度到美的学问知识，最后再从美的学问知识一直到只有以美本身为对象的那种学问，彻悟美的本身。

当美的灵魂与美的外表和谐地融为一体，人们就会看到，这是世上最完善的美。

最有道德的人，是那些有道德却不须由外表表现出来而仍感满足的人。

人心可分为二，一部较善，一部较恶。善多而能制止恶，斯即足以云自主，而为所誉美；设受不良之教育，或经恶人之熏染，致恶这一部较大，而善这一部日益侵削，斯为己之奴隶，而众皆唾弃其人矣。

智慧一定具有更神圣的品质，这是永不会丧失它的效能的；可是，由于它的方向不同，于是或为有用与有益，或为无用与有害。要迫使那些禀赋好的人去得到我们认为最伟大的知识，使其能够看到"善"，帮助他们不断前进。

身体最强健的人不容易受饮食或劳动的影响，最茁壮的草木也不容易受风日的影响。

凡具有知识者皆较诸缺少知识者为猛敢，且其人于既学习以后则较诸其在未学习以前为更猛敢。